Die Reise in die Vergangenheit

Ein geschichtliches Arbeitsbuch

von Hans Ebeling
und Prof. Dr. Wolfgang Birkenfeld

Band 2
Europäisches Mittelalter

westermann

Pädagogische Mitarbeit: Rita Birkenfeld

Die Abbildung auf der Vorderseite des Umschlags zeigt die Markgräfin Uta aus dem Naumburger Dom. Ihr Standbild ist eine der schönsten Darstellungen des mittelalterlichen Menschen in der deutschen Kunst (vgl. S. 76). Foto: Archiv für Kunst und Geschichte, Berlin / Erich Lessing

1. Auflage Druck 5
Herstellungsjahr 1995 1994
Alle Drucke dieser Auflage können im Unterricht parallel verwendet werden.

Verlagslektorat: Dieter J. Bode
Herstellung: westermann druck GmbH, Braunschweig

ISBN 3 - 14 - **14 0702** - 9

Inhalt

Worüber bisher berichtet wurde 6

1 Römer und Germanen 8

Das römische Germanien 10

Der Limes – Das Leben der Soldaten – Das Leben auf dem Lande – Das Leben in den Städten – Zeugnisse aus dem römischen Germanien

Die Germanen 19

Die Leiche im Moor – Ein Bericht des Römers Tacitus – Die Heimat der Germanen – Die Schlacht im Teutoburger Wald – Kultur und Lebensweise

Der Zerfall des Römerreichs 23

Die große Völkerwanderung – Der Zusammenbruch des Römerreichs – Die Einwanderung der Slawen

2 Europa und die Mittelmeerwelt 28

Rückblick und Ausblick 30

Das oströmische Reich und der Islam 31

Das oströmische Reich 31
Islam – die Religion der Mohammedaner 33
Mohammed – Aus dem Koran, dem heiligen Buch der Mohammedaner – Der „Heilige Krieg“ – Arabische Kultur
Geschichte und Gegenwart 36
Der Islam in unserer Gegenwart

Europa entsteht 37

Die Germanen werden Christen 37
Götter und Geister der Germanen – Die Begegnung mit dem Christentum – Bonifatius – Die „Armen im Himmelreich“
Das Reich der Franken 39
Die Anfänge – Der Kirchenstaat – Karl der Große – Der Ausbau des Frankenreichs – Die Sachsenkriege – Die Regierung des Reiches – Die Kaiserpfalz in Aachen

Vom Beginn deutscher Geschichte 47

Die Entstehung des Deutschen Reiches 47
Vom Frankenreich zum Deutschen Reich – Stämme und Könige – Der Ausbau des Reiches – Die Kaiserkrone

Deutsche Kaiser und Könige 50
Das Königtum – Deutsche Könige und Kaiser – Die Königskrönung in Aachen
Kaisertum und Papsttum im Kampf um die Macht 53
Papst und Kaiser – Der Streit um die Investitur: Canossa 1077 – Das Wormser Konkordat 1122
Friedrich Barbarossa. Ein Lebensbild 56
Friedrich I. in Deutschland – Die Kaiserkrönung in Rom – Der Kampf um Italien – Der Konflikt mit Heinrich dem Löwen – Barbarossas Tod – Die Zeit nach Barbarossa
Die Kreuzzüge 63
Der Aufruf des Papstes – Die Kreuzfahrer – Zwei Berichte über die Eroberung Jerusalems (1099) – Die Kreuzfahrerstaaten
Geschichte und Gegenwart 66
Das Nachleben der Staufer: Das Kyffhäuser-Denkmal

3 Lebensformen und Gesellschaftsordnung im Mittelalter 68

Das Lehnswesen im Mittelalter 70

Adel und Rittertum 72

Der Ritterstand – Rittererziehung und Ritterleben – Das Leben auf einer Burg – Die Frauen im Mittelalter

Die Bauern 78

Landesausbau im Westen 78
Das alte Landschaftsbild – Das neue Landschaftsbild – Das Dorf und seine Flur
Die Grundherrschaft 82
Herren und Hörige – Die Abtei Werden: ein Beispiel – Abgaben und Frondienste

Die Mönche 86

Der Orden der Benediktiner – Neue Orden entstehen – Das Zisterzienserkloster Maulbronn

Die Bürger 92

Geschichte und Gegenwart 92
Eine Stadt wie Soest
Wie die Städte entstanden 93
Das Schicksal der Römerstädte – Die neuen Städte – Stadt und Stadtherr – Neugründungen durch Fürsten
Die Stadt und ihre Bewohner 98
Die Kaufleute – Die Handwerker – Die soziale Schichtung – Die Juden
Die Selbstverwaltung der Bürger 103
Kämpfe um die Mitregierung – Die Stadtregierung von Reutlingen: ein Beispiel
Mauern, Märkte und Bauten 104
Die Stadtbefestigung – Der Markt – Das Marktrecht – Markttag in einer mittelalterlichen Stadt. Ein Lebensbild – Geld, Preise und Löhne – Die Bauten der Bürger – Die Baustile des Mittelalters – Aus dem Alltag der Bürger im Mittelalter

Städtebünde und Städte am Ausgang des Mittelalters 116
Städtebünde – Die Hanse – Bilder aus deutschen Hansestädten heute – Einwohnerzahlen
Geschichte und Gegenwart 122
Die Bremer Hansekogge. Ein Bericht aus unseren Tagen

4 Zwischen Mittelalter und Neuzeit 124

Landesausbau in Mitteleuropa 126

Die Unterwerfung der Elb- und Ostseeslawen 126
Die Slawen und das Frankenreich – Wie die Slawen lebten – Unterwerfung und Erhebung im 10. Jahrhundert – Die endgültige Unterwerfung
Die Besiedlung 131
Die Siedler – Neue Volksgruppen entstehen – Die Sorben
Landesausbau östlich der Oder 133
Der Ruf ins Slawenland – Der Deutsche Ritterorden – Das neue Dorf. Ein Lebensbild
Geschichte und Gegenwart 137
Polen und Deutsche heute: Umstrittene Themen der Geschichte

Die Landesherrschaft 138

Der neue Staat: die Landesherrschaft 138
Der Weg zur Landesherrschaft — Württemberg als Beispiel – Mecklenburg als Beispiel – Thüringen als Beispiel – Brandenburg als Beispiel – Mittelalterliches Reich und Territorialstaat
Kaiser und Kurfürsten am Ende des Mittelalters 143
Die Kurfürsten – Deutsche Kaiser und Könige am Ende des Mittelalters

Die Bauern erheben sich 144

Stadt und Land 144
Bauernaufstände am Ende des Mittelalters 144
Der deutsche Bauernkrieg 145
Das Leben der Bauern – Die Forderungen der Bauern – Der Krieg in Südwestdeutschland – Der Krieg in Thüringen – Das Ende des Bauernkriegs
Geschichte und Gegenwart 153
Das Bauernkrieg-Panorama in Bad Frankenhausen

Zahlen zum Überblick 156
Verzeichnis der Karten 156
Register 157

Worüber bisher berichtet wurde

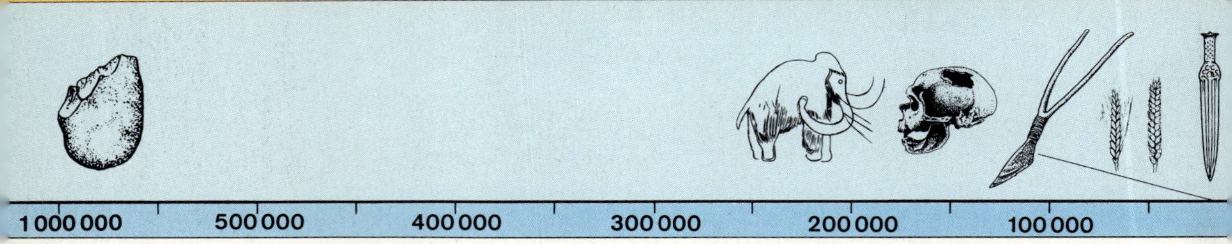

Aus den ältesten Zeiten der Geschichte

Seit über einer Million Jahren gibt es mit Sicherheit menschliche Wesen auf unserem Erdball. Sie lebten zunächst als Jäger und Sammler. Sie schufen sich erste Waffen und Geräte aus Stein. Sie lernten, das Feuer zu nutzen. Sie lebten – vorwiegend in Höhlen – in der Gemeinschaft ihrer Horde. Wir nennen diese älteste Zeit der Geschichte die *Altsteinzeit.* Sie dauerte bis etwa 10 000 v. Chr.
In der *Jungsteinzeit* (etwa 10 000–2000 v. Chr.) wurden die Menschen Viehzüchter und Ackerbauern. Sie bauten feste Häuser und lernten es, Tiere zu zähmen und Felder anzulegen. Sie wurden seßhaft.
Schließlich gelang es ihnen, ihre Waffen und Geräte aus Metall herzustellen, zuerst aus Bronze, später aus Eisen (*Bronzezeit* ca. 2000–800 v. Chr.). Die neue Metallkunst förderte Arbeitsteilung, Handwerk und Handel. – Wir nennen die ältesten Zeiten zusammenfassend die *Vorgeschichte.*

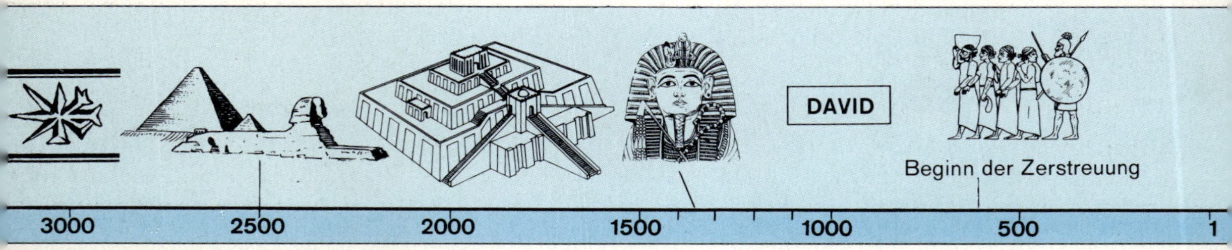

Alte Reiche in Stromtälern

In Stromtälern am Mittelmeer entwickelten sich erste Reiche und Stadtstaaten. *Ägypten* wurde um 3000 v. Chr. ein Staat mit einem König an der Spitze. Die Aufgaben, die der Nil hier stellte, führten zu diesem Zusammenschluß. Hier entstand eine erste große Kultur, als deren Zeugnisse zum Beispiel die Pyramiden bei Gizeh und der Tempel von Abu Simbel bis in unsere Gegenwart erhalten geblieben sind.
Im *Zweistromland* bildeten sich die ältesten Stadtstaaten etwa zur gleichen Zeit wie in Ägypten. In beiden Stromtälern erfanden die Menschen die Schrift.
Um das Jordantal entstand etwa 1200 v. Chr. *das alte Israel*, das Reich des Volkes der Bibel. Jerusalem war seine Hauptstadt. In der Zeit um Christi Geburt wurde das Gebiet von den Römern erobert und verwüstet.

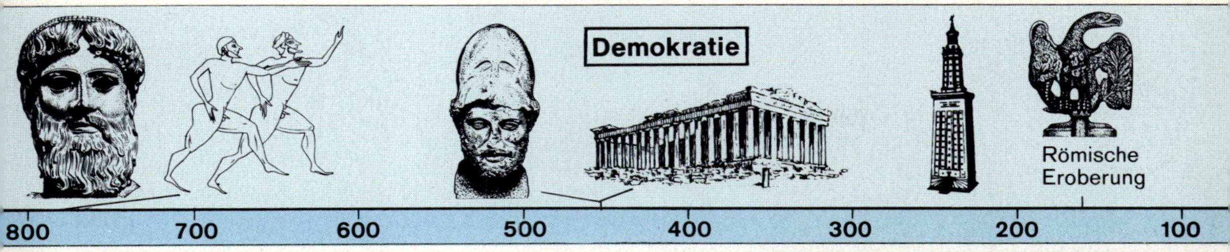

Die Zeit der Griechen

In Griechenland ließ die zerklüftete Landschaft eine Vielzahl von Stadtstaaten entstehen. Alle Griechen verband aber der Glaube an die gleichen Götter, zu deren Ehren sie herrliche Tempel errichteten und seit 776 v. Chr. die *Olympischen Spiele* feierten.
Der bedeutendste Stadtstaat Griechenlands war Athen. Hier bestimmten die Bürger ihre Angelegenheiten selbst. Diese „Herrschaft des Volkes“ nennen wir *Demokratie.*

Während die griechischen Staaten sich in Bruderkriegen erschöpften, wuchs im Norden von Griechenland Makedonien zu einem mächtigen Staat heran. Unter *Alexander dem Großen* wurde das gesamte Perserreich erobert. Hier und in Ägypten wurde die griechische Kultur bestimmend („Hellenismus“). *Alexandria* entwickelte sich zur Weltstadt und zum Mittelpunkt der Wissenschaften und des Handels.

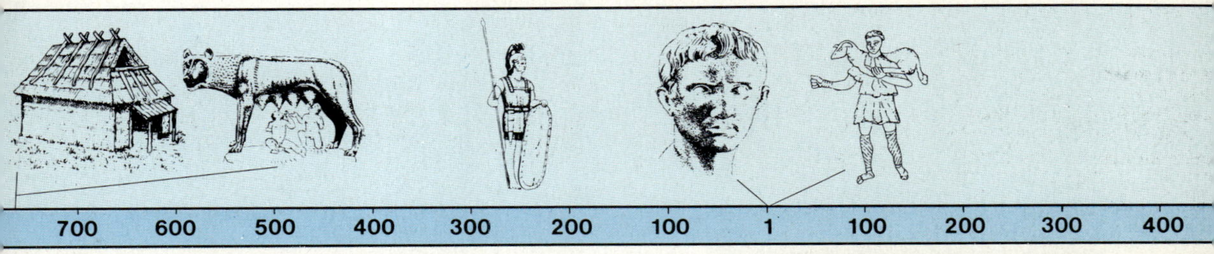

Das römische Weltreich

In der Zeit des Hellenismus weitete sich der kleine Stadtstaat Rom zu einem neuen *Weltreich* aus. Von etwa 250 v. Chr. an eroberten die Römer ein Gebiet, das die Küstenländer des Mittelmeeres umschloß und bis an Rhein und Donau reichte. Ihre bedeutendsten Herrscher waren Cäsar und Augustus.

In den ersten Jahrhunderten nach Christi Geburt erlebte das römische Weltreich eine Zeit des Friedens. Die griechisch-römische Kultur formte das Leben in den Städten. Sie erfaßte so auch das westliche Europa.

Die *Anfänge des Christentums* gehen in die Zeit des römischen Weltreichs – unter Kaiser Augustus – zurück. Nach langen, oft harten Verfolgungen wurde das Christentum die Staatsreligion des Römerreichs (um 400 n. Chr.).

1 Römer und Germanen

Das römische Germanien

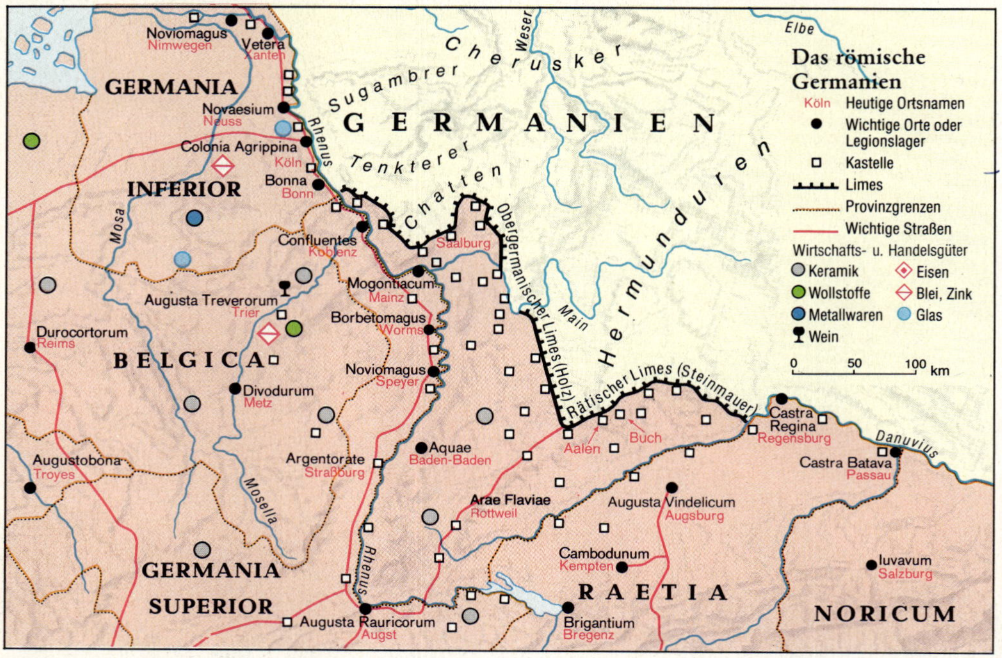

Der Limes

Die Karte zeigt das Gebiet um Rhein und Donau. An diesen Flüssen verlief für etwa vierhundert Jahre die Grenze des Römerreichs. Ein Grenzwall, der Limes, verband die beiden Flüsse. Westlich dieser Linie aber lag das „römische Germanien", der Teil Deutschlands, der für Jahrhunderte zum Römerreich gehörte.

Der Obergermanische Limes zog sich als *Palisadenzaun*, eine schier endlose Reihe oben zugespitzter Holzpfosten, durch das Land. Zur weiteren Sicherung war zwischen Palisadenzaun und Wachttürmen ein etwa 5–6 m breiter Graben ausgehoben, dessen Erde einen zusätzlichen Schutzwall bildete. Der Rätische Limes bestand aus einer 2–3 m hohen *Steinmauer*. Doch gab es Übergänge, die einen lebhaften Handelsverkehr der germanischen Stämme mit dem römischen Germanien erlaubten.

◁ *Der Limes zwischen Rhein und Donau war 548 km lang. Nur auf einer Teilstrecke freilich, dem „Rätischen Limes", sah er so aus wie auf dieser Zinnfiguren-Darstellung aus dem Limes-Museum Aalen. Beschreibe die Anlage und das Geschehen!*

Das Schnittbild zeigt die Anlage des Obergermanischen Limes. Die Wachttürme standen in Sichtweite von 500 bis 1000 m.

Das Leben der Soldaten

Ein *Kastell* war ein ständiges Militärlager der Römer. Kastelle befanden sich meist dicht hinter der Grenze des römischen Reiches. Große Kastelle auf dem Gebiet des heutigen Deutschlands waren Xanten, Neuß, Köln, Bonn, Mainz und Regensburg. Sie waren Standorte ganzer *Legionen*: Einheiten, die aus etwa 6000 Soldaten bestanden.

Die Kastelle entlang dem Limes – wie etwa Saalburg oder Hesselbach – waren viel kleiner und boten nur für 100 bis 500 Soldaten Platz. Diese lebten in ihren langgestreckten Baracken auf engstem Raum. Von diesen Limeskastellen gab es über 100 im Grenzgebiet.

In unmittelbarer Nähe der Limeskastelle bildeten sich oft Lagerdörfer mit Wohnungen der Angehörigen, mit Läden und Kneipen. Ein solches Lagerdorf ist auf der Rekonstruktionszeichnung unten im Hintergrund zu erkennen.

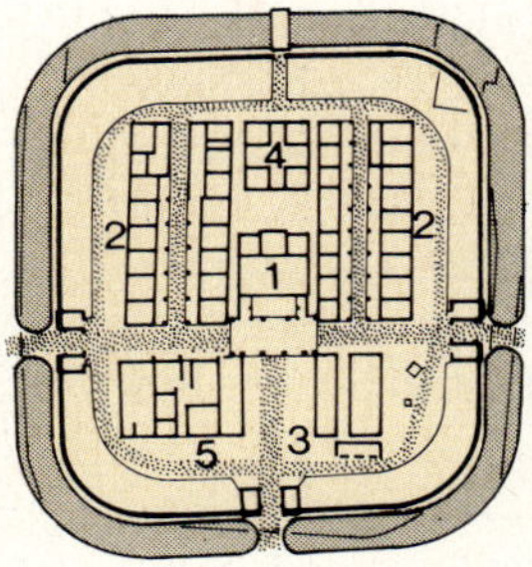

Rekonstruktion des Limeskastells Hesselbach bei Würzburg:
1 Offiziersgebäude
2 Mannschaftsbaracken
3 Ställe (?)
4 Wohngebäude
5 Vorratslager (?)
Beschreibe die Anlage!

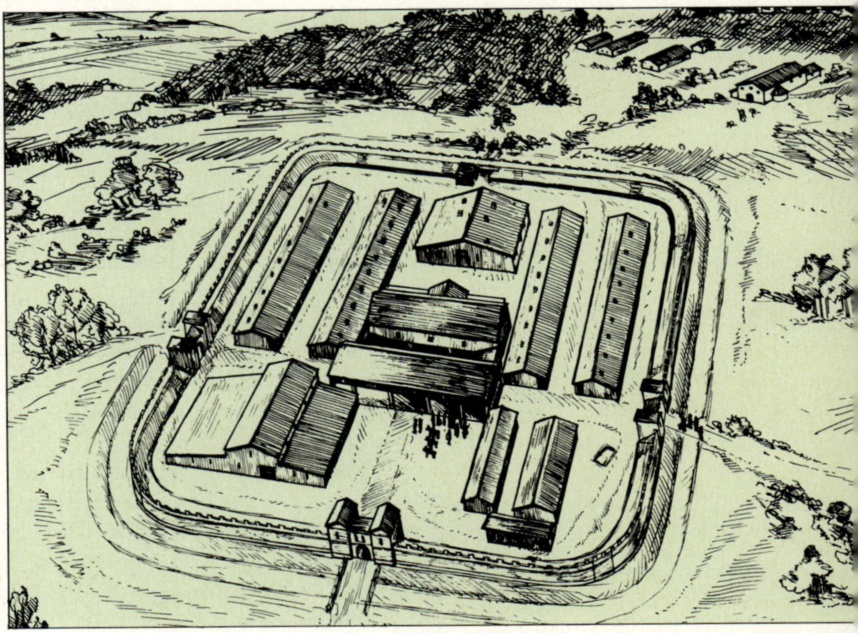

Bei Bauarbeiten in Oberriexingen (bei Ludwigsburg) stießen Bagger 1957/58 auf die Kellerräume eines römischen Gutshofes. Ein umsichtiger Bürgermeister rettete diese wertvollen Baureste vor dem Abbruch. So können wir heute in Oberriexingen einen unversehrt erhaltenen Lagerraum für Lebensmittel besichtigen, den Römerkeller.
Aus den Bauresten konnten die Wissenschaftler das Aussehen der gesamten Anlage rekonstruieren, und 1972 wurde dieses Tischmodell „Einbringen der Weinernte" in einem kleinen Museum am Römerkeller aufgestellt. Es vermittelt ein lebendiges Bild vom Leben und Arbeiten vor etwa 1800 Jahren: drei Männer keltern die Trauben in einem großen Bottich (links im Bild), andere transportieren Mostfässer heran. Der Gutsherr läßt sich in einer Sänfte tragen, ein Gast kommt im Reisewagen.

Das Leben auf dem Lande

Unter dem Schutz der Legionäre erlebte das römische Germanien in den ersten Jahrhunderten nach Christi Geburt eine lange Zeit des Friedens.

Das eroberte Land gehörte zunächst dem Kaiser. Es wurde vermessen und in größeren Teilstücken an ehemalige Offiziere und Soldaten, mitunter auch an „Einheimische", verpachtet. An vielen Orten entstanden in dieser Zeit römische Gutshöfe mit zweistöckigen „Herrenhäusern", die eine säulengetragene Vorhalle schmückte, und zahlreichen Nebengebäuden.

Im Herrenhaus wohnte der römische Gutsherr. Es hatte viele Räume und war zumeist mit einer Fußbodenheizung ausgestattet. Auch eine mehrräumige Badeanlage gehörte dazu.

Um dieses Herrenhaus gruppierten sich die Nebengebäude: Wohnhäuser für Arbeiter, Speicher und Schuppen, Ställe und Vorratsräume. – Allein in Baden-Württemberg sind mehr als 1000 solcher Gutshöfe festgestellt worden.

Die Arbeiten auf den Ländereien verrichteten freilich andere: Sklaven und einheimische Tagelöhner. Sie bauten Früchte an, die in diesem Raum erst durch die Römer bekannt wurden: Kirschen, Pfirsiche und Birnen, Zwiebeln, Gurken und Petersilie. Vor allem aber lernten die Menschen durch die Römer die Weinrebe kennen: die Anlage der Weingärten, die Weinlese und die Kelterung.

Das Leben in den Städten

Damals kamen viele tausend römische Soldaten, Beamte und Händler an Rhein und Donau. Sie kamen auch aus Spanien und Nordafrika, aus Palästina und Griechenland. Die meisten wurden schließlich Bürger der Städte, von denen du einige auf der Karte S. 10 verzeichnet findest, und von denen Köln und Trier die wichtigsten waren. Hier trafen sie mit den zuvor unterworfenen Bewohnern dieser Gebiete zusammen, die sich in den Städten sehr schnell der römischen Lebensweise anpaßten.

Aus dem warmen Süden brachten die Römer auch die Leidenschaft für den Besuch großer Badehäuser – *Thermen* genannt – mit in den Norden. Die römischen Thermen kann man sich als eine Mischung zwischen modernen Hallenbädern, Saunaanlagen und Turnhallen vorstellen. Sie waren für die Römer aber zugleich „Fitness-Center" und „Haus der Begegnung", und sie durften nirgendwo fehlen. Gewaltige Anlagen (mit einer Seitenlänge von 170 × 250 m) befanden sich in Trier, „Kastellbäder" aber gab es selbst bei den Limeskastellen.

In Rottweil, dem Arae Flaviae der Römer, sind 1967 die Fundamente eines Badehauses freigelegt worden (Abbildung links). Um dieses eigentliche Badehaus dehnten sich ursprünglich noch Nebengebäude aus: Wandelhallen, Kegelbahnen, „Swimming-pools" unter freiem Himmel, Büros und Toiletten. Von ihnen haben sich in Rottweil im Boden keine Spuren erhalten; die spätere Bebauung rundherum hat sie zerstört.

Das Bild unten zeigt das Schwitzbad in der Frauenabteilung einer Therme. Ein großer Wassertank (rechts) wurde von unten beheizt und lieferte Heißwasser für das Badebecken. Heiße Luft durchzog – von der Feuerstelle aus – den Hohlraum unter dem Fußboden. Der wurde dadurch so heiß, daß man auf ihm nur in Badepantoffeln mit dicker Holzsohle gehen konnte! Durch Zwischenräume konnte die Heißluft sogar in die Wände und Decken aufsteigen. – In diesem Raum schwitzte man wie heute in der Sauna und nahm anschließend ein heißes Bad. Becken zum Abkühlen befanden sich in den angrenzenden Räumen.

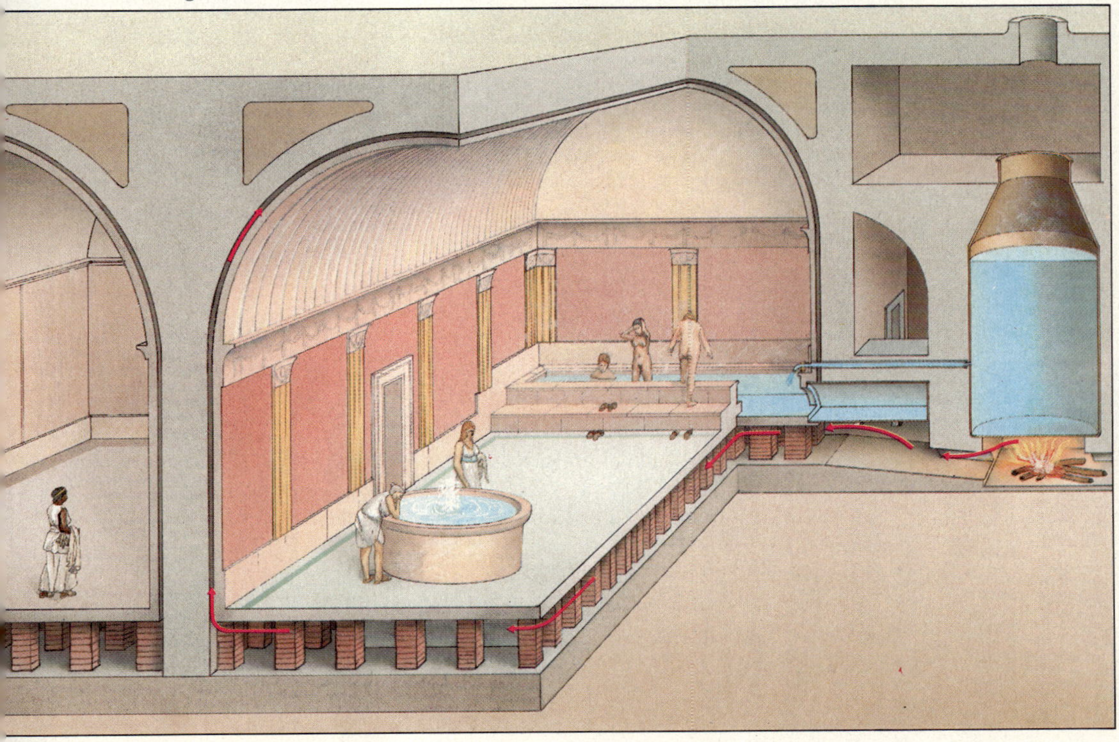

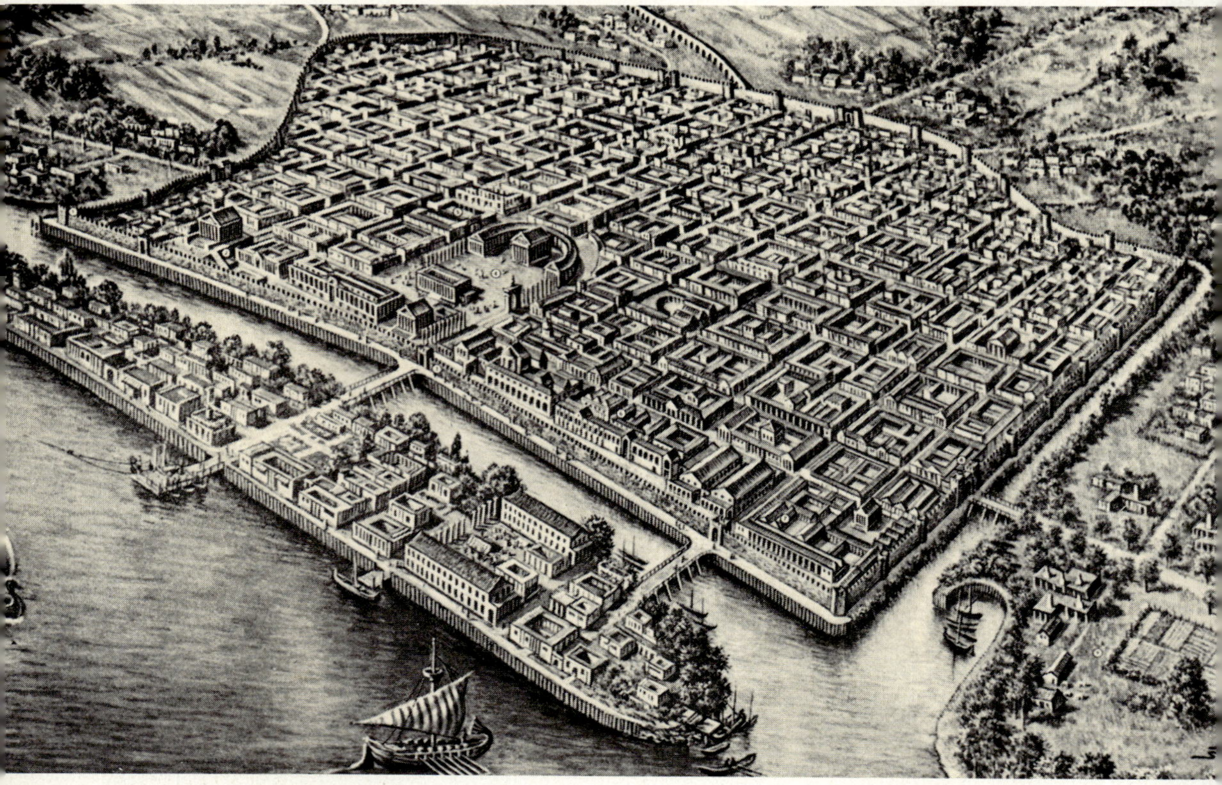

Eine Stadt wie Köln

Wie sich das Leben der Bevölkerung in einer römischen Stadt wie Köln abgespielt haben mag, hat ein englischer Zeichner in einem Buch für Schüler dargestellt (David Macaulay, „Eine Stadt wie Rom“, Zürich und München 1975). Er hat sich dabei streng an Berichte und Bodenfunde aus der damaligen Zeit gehalten. Auf diesen Seiten findest du einige seiner Zeichnungen.

Abbildungen rechts: Geschäftsstraße in einer Stadt wie Köln. Wo liegen die Geschäfte? Wie viele Stockwerke haben die Gebäude? Beschreibe bitte Einzelheiten der Straße und des Verkehrs! An welche „Zonen" im Zentrum unserer heutigen Städte erinnert sie dich?

Wie viele Einwohner Köln in römischer Zeit hatte, wissen wir nicht genau. Etwa 50 000 könnten es um 200 n. Chr. gewesen sein. Sie lebten von der berühmten Glasindustrie Kölns und vom Handel. In Köln liefen mehrere wichtige Römerstraßen zusammen, und auch der Rhein war bereits ein bedeutender Handelsweg. Tonwaren und Weine, Getreide und Felle, aber auch Bernstein und Schweineschinken gehörten zu den Handelsgütern. Kölner Glas gelangte bis nach Alexandria!

Über die *Wasserversorgung* der Römerstädte hast du bereits einiges erfahren. Das Wasser für Köln wurde über eine Entfernung von 80 km aus der Eifel in die Stadt geleitet. Der Kanal, durch den das frische Quellwasser herangeführt wurde, verlief zum großen Teil unterirdisch. Über die Täler hinweg aber mußte er mit Hilfe von Wasserleitungsbrücken („Aquädukten") geführt werden, damit immer ein gleichmäßiges Gefälle erhalten blieb.

Der Rest eines solchen Aquädukts ist bei Vussem erhalten und rechts abgebildet. Das Rechteck im oberen Baukörper ist die Rinne des Kanals. Er war also nach oben hin abgedeckt. Die letzte Strecke vor den Mauern Kölns verlief ebenfalls über einen Aquädukt, wie das Modell auf Seite 14 zeigt. In der Stadt leiteten viele kleine Zweigkanäle das Wasser zu den Brunnen und anderen Anschlüssen. Auch für Abwasseranlagen war gesorgt. Unter den Gassen verlief ein Kanalsystem, von dem in Köln noch ein Teilstück erhalten ist. Dieser Kanal war 2,50 m hoch und 1,50 m breit. Er mündete in den Hafen.

Zu den großartigsten Zeugnissen römischer Baukunst gehört der Aquädukt bei Nîmes in Südfrankreich, den du im ersten Band kennengelernt hast. Hier wurde die Leitung in 50 m Höhe über einen Fluß hinweggeführt.

Nur reiche Leute hatten *Toiletten* im Haus. Die Bewohner der Mietshäuser benutzten „Bedürfnisanstalten", die sich überall in der Stadt befanden und zumeist schon mit der Kanalisation verbunden waren: Räume, unter denen sich tiefe Gräben entlangzogen. Die Sitze hatten nicht nur oben, sondern auch vorn eine U-förmige Öffnung. Hierdurch schoben die Benutzer zur Säuberung einen am Stiel befestigten Schwamm, den sie anschließend in der Klarwasserrinne vor den Sitzen auswuschen (Zeichnung rechts nach *Peter Connolly*).

Auf der Zeichnung S. 14 sind *Mietshäuser* zur Straße hin aufgeschnitten. Sie wurden von mehreren Familien bewohnt. Im Erdgeschoß befanden sich Läden und Werkstätten. Der Töpfer im linken Haus benutzt eine Töpferscheibe, die er mit den Füßen dreht. Einer der Läden könnte eine Wein- oder Ölhandlung sein. Ein großes Vorratsgefäß ist in die Erde eingelassen. Warum? Bedenke, daß es noch keine Elektrizität und damit keine Kühlschränke gab! Was geschieht in den anderen Läden?

In den oberen Geschossen lagen zumeist Wohnungen. Wenn du diese Bildseite genau betrachtest, kannst du feststellen, wie die Bewohner dorthin gelangten. Du kannst Aussagen über die Größe der Wohnungen, die Einrichtung, die Kleidung ihrer Bewohner, manche Lebens- und Spielgewohnheiten treffen. Gab es bereits Haustiere in den Städten?

Zeugnisse aus dem römischen Germanien

Bild oben: Mit solchen Schiffen transportierten die Winzer an Rhein, Mosel und Neckar den Wein zu den großen Handelsplätzen wie Köln. Dieses Weinschiff stammt vom Grabmal eines Weinhändlers an der Mosel und gehört zu den Schätzen des Landesmuseums in Trier. Betrachte und beschreibe es genau! Womit ist es geschmückt? Wie viele Ruderer kannst du erkennen, wie viele Ruder?

Bild unten: Diese Gläser sind Zeugnisse der Kunstfertigkeit Kölner Glasbläser und im Römisch-Germanischen Museum dieser Stadt ausgestellt. Vielleicht entdeckst du sie bei einem Besuch? In dem kleinen Schwein und in dem Fisch daneben bewahrten vornehme Damen ihr Parfüm auf. Die grüne Flasche hat ein Doppelgesicht.

Bild oben: Ein Reisewagen aus der Römerzeit. Zum Schutz für die Reisenden wurde er mit einer großen Plane überspannt. Mit solchen „Postkutschen“ konnte freilich nicht jeder reisen.
Von Köln nach Mainz brauchte ein Reisewagen einen Tag, von Mainz nach Rom etwa zehn Tage. Noch schneller ging es mit der „Kaiserlichen Eilpost“ für höchste Beamte, die täglich bis zu 200 km zurücklegen konnte.
Hier kannst du mancherlei berechnen und vergleichen.

Bild unten: Auch im römischen Germanien gab es Schulen, wie diese hier bei Trier. Die Darstellung ist heute im Landesmuseum Trier zu besichtigen. Du kannst vieles aus ihr herauslesen, wenn du sie aufmerksam betrachtest.

Das wohl besterhaltene Bauwerk des römischen Germanien ist die Porta Nigra (das „Schwarze Tor“) in Trier, das mächtige Nordtor der Stadtbefestigung. Im 11. Jahrhundert wurde das Tor in eine Kirche umgewandelt (vgl. das Bild unten aus dem 17. Jahrhundert).

Manche Leute sagen, man sollte solche Bauwerke wie die Porta Nigra abreißen, wenn sie dem modernen Verkehr im Wege stehen. Wie denkst du darüber?

Wir merken uns

Der Vorstoß der Römer nach Norden brachte auch Teile des germanischen Landes unter ihre Herrschaft: das römische Germanien. Dieses sicherten die Römer entlang den Flüssen Rhein und Donau. Ein Grenzwall, der Limes, verband die beiden Flüsse.

Für das römische Germanien begann um Christi Geburt eine jahrhundertelange Zeit des Friedens. Es entwickelten sich blühende Provinzen. Mittelpunkte waren die großen Städte, vor allem Köln und Trier.

Die Germanen

Die Leiche im Moor

Am 8. Mai 1950 legten zwei Torfstecher bei der Arbeit im Moor bei Tollund (Dänemark) die Leiche eines Mannes frei. Die Arbeiter benachrichtigten aufgeregt die Polizei, hatte der Tote doch einen Strick um den Hals [Bild unten]. Die Polizei untersuchte den Fall sorgfältig und erklärte sich dann für nicht zuständig. Sie überwies den Fall an das Institut zur Vorgeschichtsforschung in Kopenhagen. Die Forscher wiesen nach, daß der unbekannte erdrosselte Mann schon ungefähr 2000 Jahre im Moor gelegen hatte. Über den Grund des Mordes konnten nur Vermutungen angestellt werden. Vielleicht war er hingerichtet worden, denn die Moore galten bei den Germanen als Gerichtsstätte und als den Göttern heilige Orte. So hat man in Mooren Nordwesteuropas über 500 Leichen gefunden, aber auch als Opfergaben kostbares Geschirr, Speere, Schwerter, Schilde, Frauenzöpfe, Schmuck, Kleidung, Wagenräder, ja ganze Schiffe. Auch Tieropfer waren den Germanen vertraut.
Eine besondere Säure im Moor und das Abschließen vor jeglicher Lufteinwirkung hat die Funde über Jahrtausende konserviert.
Aber nicht nur zufällige Moorfunde, auch systematische Grabungen nach Siedlungen und auf Friedhöfen können uns vielfältige Auskunft über unsere Vorfahren, die Germanen, und Einblicke in ihr Leben geben.

(Nach: Graßmann/Askani, Zeitaufnahme, Band 1, Braunschweig 1980, S. 110)

Der Kopf des Mannes aus Tollund

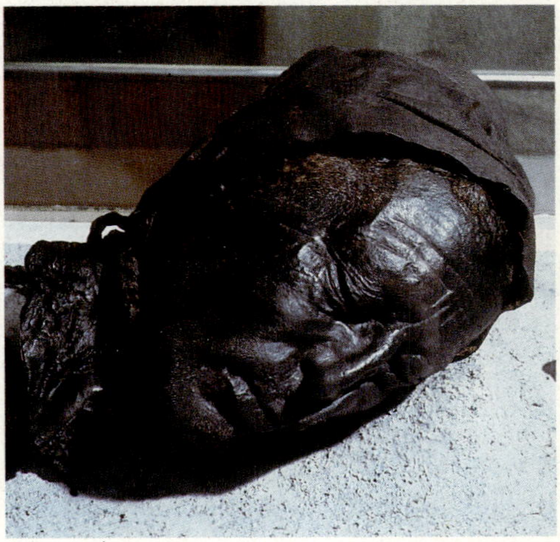

Der Bericht des Römers Tacitus über die Germanen (um 100 n. Chr.)

Die äußere Erscheinung ist bei allen dieselbe: wild blickende blaue Augen, rötliches Haar und große Gestalten, die allerdings nur zum Angriff taugen. Für Strapazen und Mühen bringen sie nicht dieselbe Ausdauer auf, und am wenigsten ertragen sie Durst und Hitze, wohl aber sind sie durch Klima und Bodenbeschaffenheit gegen Kälte und Hunger abgehärtet ... Getreide gedeiht, Obst hingegen nicht. Vieh gibt es reichlich, doch zumeist ist es unansehnlich ... Die Menge macht den Leuten Freude, und die Herden sind ihr einziger und liebster Besitz ...

Über geringere Angelegenheiten entscheiden die Stammeshäupter, über wichtigere die Gesamtheit; doch werden auch die Dinge, für die das Volk zuständig ist, zuvor von den Stammeshäuptern beraten ... Man versammelt sich ... an bestimmten Tagen, bei Neumond oder Vollmond; dies sei, glauben sie, für Unternehmungen der gedeihlichste Anfang ... Sobald es der Menge beliebt, nimmt man Platz, und zwar in Waffen ... Mißfällt ein Vorschlag, so weist man ihn durch Murren ab; findet er jedoch Beifall, so schlägt man die Speere aneinander. Das Lob mit den Waffen ist die ehrenvollste Art der Zustimmung ...

Daß die Völkerschaften der Germanen keine Städte bewohnen, ist hinreichend bekannt ... Sie hausen einzeln und gesondert, gerade wie ein Quell, eine Fläche, ein Gehölz ihnen zusagt. Ihre Dörfer legen sie nicht in unserer Weise an, daß die Gebäude verbunden sind und aneinanderstoßen, jeder umgibt sein Haus mit freiem Raum ... Nicht einmal Bruchsteine oder Ziegel sind bei ihnen im Gebrauch; zu allem verwenden sie unbehauenes Holz, ohne auf ein gefälliges oder freundliches Aussehen zu achten ...

Als Getränk dient ein Saft aus Gerste oder Weizen, der durch Gärung eine gewisse Ähnlichkeit mit Wein erhält; die Anwohner von Rhein und Donau kaufen auch Wein. Die Kost ist einfach: wildes Obst, frisches Wildbret oder geronnene Milch. Ohne feine Zubereitung, ohne Gewürze vertreiben sie den Hunger. Dem Durst gegenüber herrscht nicht dieselbe Mäßigung.

(Nach: Tacitus, Germania, übersetzt von M. Fuhrmann, Stuttgart 1971, S. 5 f., 10, 13, 18)

Kleidung einer Germanenfrau (Rekonstruktion)

Arbeitsvorschläge

1. Arbeite bitte zunächst den Bericht über die „Leiche im Moor“ sorgfältig durch! Welche Gründe für den Tod dieses Mannes sind denkbar? Warum wurde der Tote im Moor versenkt? Wieso ist die Leiche über 2000 Jahre erhalten geblieben? – Welche Moorfunde hat es noch gegeben?
2. Werte auch den Bericht des Tacitus aus (Erscheinungsbild, Lebensweise, gemeinsame Einrichtungen)! An welcher Stelle des Textes wird die Begegnung mancher Germanen mit römischer Lebensweise deutlich?

Die Heimat der Germanen

Zur Römerzeit sah es rechts des Rheins und links der Donau kaum anders aus als am Ende der Jungsteinzeit. Fast undurchdringliche Wälder bedeckten weite Gebiete. Viele Tierarten, die wir heute nur noch aus dem Zoo kennen, räuberten darin: Wolf und Bär, Wildkatze und Adler. Zwischen den Wäldern breiteten sich Sümpfe und Moore aus, oft von dichtem Nebel bedeckt. Spärlich nur war die Zahl der Flächen, auf denen Viehherden weiden und Äcker angelegt werden konnten.

Die Schlacht im Teutoburger Wald

Immer wieder waren in den Jahrhunderten vor Christi Geburt einzelne Gruppen oder ganze Stämme aufgebrochen, um neues Ackerland zu erkämpfen. Wiederholt hatten sie bei ihrer Landsuche auch den Rhein oder die Donau überschritten und waren in die römischen Provinzen eingedrungen. Immer wieder war es dabei zu schweren Kämpfen gekommen. Um endlich Frieden zu schaffen, beschloß der römische Kaiser Augustus, auch das germanische Gebiet bis zur Elbe durch seine Legionen erobern zu lassen. Etwa dreißig Jahre zogen sich die Kämpfe ohne einen entscheidenden Erfolg hin. Im Jahre 9 n. Chr. wurde sogar ein großes römisches Heer von den Germanen unter der Führung eines *Arminius (= Hermann)* aus dem Stamme der Cherusker aufgerieben.

Der griechisch-römische Schriftsteller *Cassius Dio* hat von dieser Schlacht berichtet. Sie fand im Teutoburger Wald statt. Der Führer der römischen Legionen hieß *Varus*.

Das Gebirge war voller Schluchten, die Wälder waren dicht und voller gewaltiger Baumstämme, so daß die Römer schon vor dem Angriff der Feinde Mühe hatten, sie zu fällen, Wege zu bahnen und Brücken zu schlagen. Auch führten sie viele Wagen und Lasttiere mit sich, deshalb marschierten sie ohne Ordnung und zerstreut. Regen und starker Wind brachten sie noch mehr auseinander. Der Boden wurde schlüpfrig, so daß sie fast bei jedem Schritt ausglitten.

Während nun die Römer sich in so verzweifelter Lage befanden, umstellten die Feinde sie plötzlich von allen Seiten zugleich; sie kannten die Fußpfade und drangen daher selbst durch die dichtesten Wälder. Anfangs schleuderten sie von weitem Geschosse, dann rückten sie ihnen dicht auf den Leib. Denn da die Kampftruppen nicht in geschlossenem Zuge, sondern zusammen mit Unbewaffneten und Wagen marschierten, konnten sie sich nicht zusammenschließen; an den einzelnen Punkten waren sie deshalb immer schwächer an Zahl als die angreifenden Germanen und hatten große Verluste, ohne den Feinden etwas anhaben zu können.

Aus diesem Grunde schlugen die Römer ein Lager auf, verbrannten die meisten Wagen und alles Überflüssige oder ließen es zurück.

Dann brach der dritte Tag ihres Marsches an. Aber wieder setzte ein so starker Regen ein, daß sie weder vorrücken noch sich richtig verteidigen konnten; denn Bogen, Wurfspeere und Schilde waren völlig durchnäßt. Die Feinde dagegen waren größtenteils leicht bewaffnet und konnten deshalb angreifen oder sich zurückziehen, wie es ihnen paßte. Außerdem waren die Germanen inzwischen noch zahlreicher geworden, während schon viele Römer umgekommen waren.

Varus und die anderen hohen Offiziere waren schon verwundet. Sie fürchteten, von den Feinden gefangen oder erschlagen zu werden, und deshalb vollbrachten sie eine furchtbare, aber notwendige Tat: sie töteten sich selbst. Als das unter den Soldaten bekannt wurde, setzte sich keiner mehr zur Wehr. Die einen folgten dem Feldherrn in den Tod, andere warfen die Waffen weg und ließen sich ohne Widerstand niedermachen. Denn fliehen konnte keiner, auch wenn er es noch so gerne gewollt hätte.

(Nach: Hermann Kesting, Arminius und die Varusschlacht, Detmold 1961. Gekürzt)

Schließlich gaben die römischen Kaiser ihr Vorhaben auf, die Germanen zu unterwerfen. Sie sicherten ihre Grenzen, wie wir es bereits kennengelernt haben, entlang den Flüssen Rhein und Donau.

Bild links: Darstellung eines gefangenen Germanenfürsten auf einer Siegessäule der Römer aus dem 4. Jahrhundert n. Chr.
Bild rechts: An die Schlacht im Teutoburger Wald erinnert das fast 60 m hohe „Hermannsdenkmal".

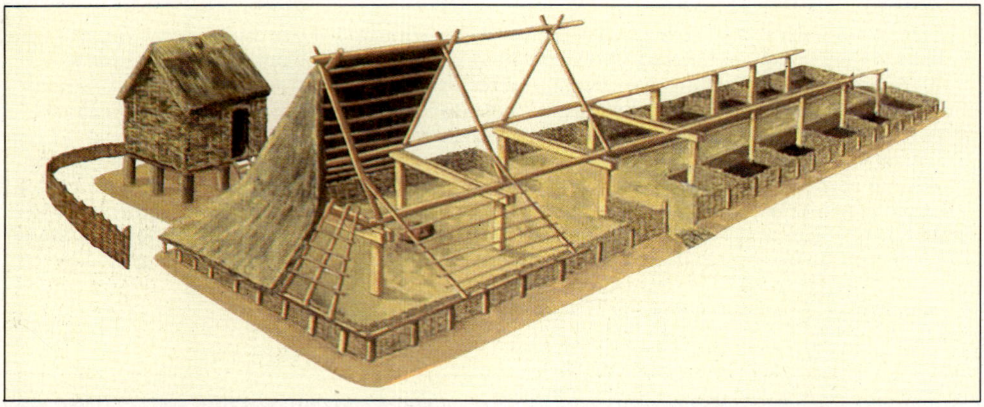

Rekonstruktion eines germanischen Hauses nach Bodenspuren, die bei Bremerhaven entdeckt wurden. – Die Germanen bauten ihre Häuser mit starken Innenpfosten, die das Dach stützten, mit dünnen Balken als Gerüst für das Flechtwerk der Wände, aus Lehm, mit dem sie die Wände bewarfen und aus dem sie den Fußboden stampften. Die Dächer deckten sie mit Schilf oder Stroh ab. Der Eingang lag auf einer Längsseite.
In der Mitte des Wohnteils befand sich die offene Herdstelle, der Stallteil war in Einzelboxen für das Großvieh eingeteilt. Ihre Scheunen und Speicher setzten sie oft auf Pfähle, damit die Vorräte besser gegen Feuchtigkeit und Ungeziefer geschützt waren. Ein Zaun umgab Haus und Hof.

Arbeitsvorschläge

1. Aus dem Bericht über die Schlacht im Teutoburger Wald kannst du die Gründe entnehmen, warum die römischen Soldaten nicht in ihrer gewohnten Weise kämpfen konnten. Welche Vorteile hatten die Germanen?
2. Das Hermannsdenkmal bei Detmold wurde 1875 eingeweiht. Versuche doch einmal, Gründe dafür zu finden, daß man im 19. Jahrhundert ein solches Bauwerk errichtete!
3. Nicht Kriege und Schlachten, sondern Frieden und Handel bestimmten über Jahrhunderte das Verhältnis zwischen Römern und Germanen an Rhein und Donau. Untersuche daraufhin noch einmal die Abbildung auf S. 8/9!

Kultur und Lebensweise

Vieles über die Germanen wissen wir auch aus Funden in ihren Gräberfeldern. Da sich die Germanen das Weiterleben nach dem Tode so vorstellten wie das Leben bisher, gaben sie ihren Toten mit ins Grab, was sie brauchten: Kleidung und Waffen, Schmuck und Hausrat, Gefäße mit Speise und Trank.

Aus den Grabbeigaben können wir erkennen, daß es auch bei den Germanen Reiche und Arme gab. Glasgefäße, die aus den einst von den Römern eingerichteten Glasbläsereien kamen, konnten sich bestimmt nur reiche Germanen leisten, und goldenen Schmuck ebenso. Aus den Gräbern kennen wir die Waffen der Männer: lange und kurze Schwerter, Schild und Lanze, Pfeil und Bogen.

Arbeitsvorschlag

Auf den Seiten 19–22 hast du verschiedene Weisen kennengelernt, wie Geschichtsforscher Aufschlüsse über das Leben der Germanen erhalten können. Stelle zusammen!

Diese herrliche Schnalle gehörte bestimmt in keine arme Germanenfamilie! Sie ist kunstvoll aus Gold gefertigt und mit Granat-Einlagen versehen. Getragen wurde diese Schnalle im 5. Jahrhundert n. Chr., gefunden wurde sie in einem Grab bei Esslingen.

So wie auf dieser Zeichnung können wir uns einen Germanenzug auf der Wanderung vorstellen. Beschreibe Einzelheiten (ungefähre Gruppenstärke, Kleidung, Bewaffnung, Haustiere, Transportmittel)!

Der Zerfall des Römerreichs

Die große Völkerwanderung

Im Jahre 375 n. Chr. drang ein mongolisches Reitervolk, die *Hunnen*, aus den Steppen Innerasiens nach Europa vor. Sie unterwarfen die Ostgoten, die in der heutigen Ukraine lebten. Sie bedrängten die Westgoten, die über die Donau in das Römerreich einbrachen. Der Hunnenzug setzte in den folgenden Jahrzehnten mehr und mehr die Massen der germanischen Völker in Bewegung: Es kam zur großen *„Völkerwanderung"* des 4. und 5. Jahrhunderts n. Chr., in deren Stürmen schließlich das einst so mächtige Römerreich zerfiel. Auch hunnische Heerscharen fielen in das Reich ein. Ein römisches Heer besiegte zwar mit Hilfe von befreundeten Germanenstämmen in einer großen Abwehrschlacht 451 n. Chr. den Hunnenkönig *Attila* („Schlacht auf den Katalaunischen Feldern" – im heutigen Frankreich). Aber auch dieser Sieg konnte die Auflösung des Reiches nicht aufhalten.

Zwei Berichte von Zeitgenossen vermitteln uns unterschiedliche Eindrücke von den Hunnen.

Sie sind von hemmungsloser Wildheit, abstoßend häßlich und widerwärtig; man könnte sie für zweibeinige wilde Tiere halten. Niemals schützen sie sich durch irgendwelche Gebäude. Nicht einmal schilfgedeckte Hütten findet man bei ihnen. Ziellos durchschweifen sie Berge und Wälder, von früher Jugend an gewöhnt, Schnee, Hunger und Durst zu ertragen. Wie angenagelt bleiben sie auf ihren abgehärteten häßlichen Pferden, Tag und Nacht verbringen sie so: kaufen und verkaufen, essen und trinken; sie schlafen sogar über den schmalen Tierhals gebeugt.

Keiner von ihnen führt den Pflug. Ohne Herdfeuer, ohne Gesetze und ohne geregelte Lebensweise ziehen sie wie Leute, die sich auf der Flucht befinden, mit ihren Wagen umher.

(Ammianus Marcellinus, nach: Geschichte in Quellen 1, München 1965, S. 784)

Nachdem wir mehrere Flüsse überquert hatten, kamen wir in ein riesiges Dorf. Dort befand sich ein Gebäude, das, wie behauptet wurde, alle anderen Wohnsitze Attilas an Stattlichkeit übertraf. Es war aus Balken und geglätteten Hölzern hergestellt und rings mit einer hölzernen Umfriedung versehen, nicht zum Schutze, sondern um der äußeren Wirkung willen.

Am Eingang des Dorfes wurde Attila von Jungfrauen begrüßt; sie kamen ihm in Reihen entgegen und schritten unter zarten weißen Schleiertüchern einher, die von Frauen an beiden Seiten mit den Händen auseinandergehalten wurden; unter je einem Schleier gingen stets sieben und mehr Jungfrauen. Es war eine ganze Prozession.

(Priscus, Byzantinische Geschichte, nach: Geschichte in Quellen 1, München 1965, S. 794 f.)

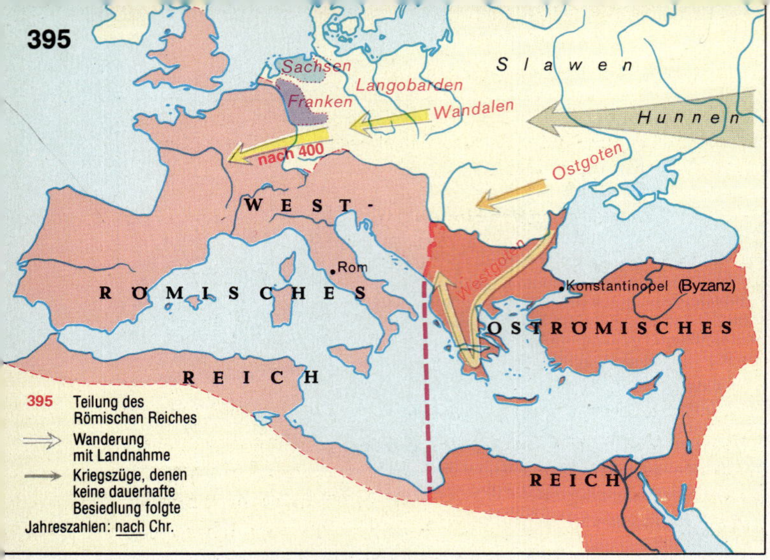

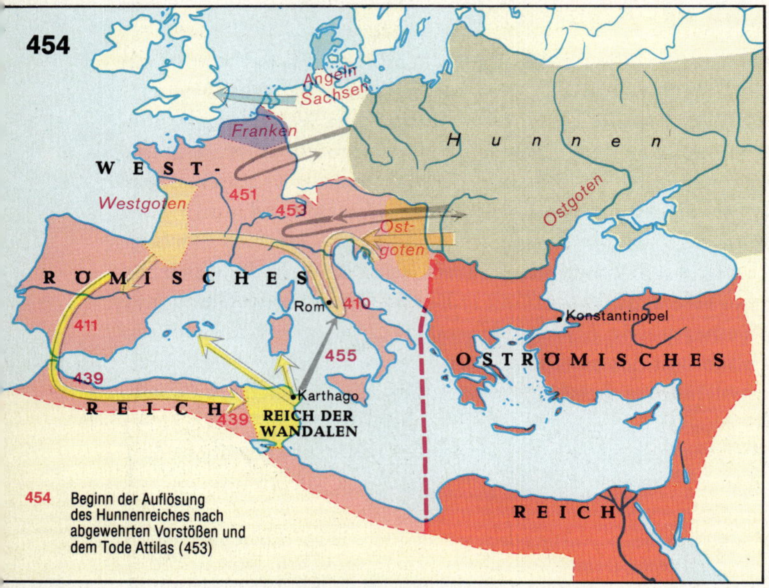

Die Hunnen

Ihr Ansturm drängt die germanischen Stämme über die Grenzen des römischen Weltreiches. Schließlich fallen die Hunnen selbst weit in die römischen Provinzen und sogar in Italien ein. Nach der großen Schlacht von 451 verschwinden sie ebenso schnell wieder, wie sie gekommen sind.

Die Wandalen

Von allen germanischen Stämmen legen sie den weitesten Weg zurück. Aus ihren Wohnsitzen im heutigen Polen verdrängt, überschreiten sie 406 den Rhein und erreichen schließlich Nordafrika. Hier gründen sie ein Reich, von dem aus sie das westliche Mittelmeer beherrschen und sogar Rom plündern.

Die Westgoten

Die Goten verlassen ihre Wohnplätze an der Mündung der Donau. Nach jahrelangen Wanderzügen errichten sie schließlich ein großes Reich in Spanien und Südfrankreich.

Die Ostgoten

Sie erobern um 500 Italien und bauen sich hier unter ihrem bedeutenden König Theoderich ihre Herrschaft auf.

Die Angeln und Sachsen

Aus ihren Siedlungsgebieten in Norddeutschland dringen sie nach 450 in das von den Römern verlassene England ein und erobern große Teile der Insel. Aus ihren Reichen entsteht der englische Staat.

Die Franken

Ihre Siedlungsgebiete liegen an der Mündung des Rheins. Später werden sie die Gründer eines neuen Reiches auf europäischem Boden (vgl. auch S. 41).

Arbeitsvorschlag

Arbeite die Quellentexte auf S. 23 durch! Ammianus (um 330–400) war ein römischer Geschichtsschreiber, der Grieche Priscus Angehöriger einer Gesandtschaft, die Attila aufgesucht hatte (449 n. Chr.).

a) Welches Bild gibt Ammianus von den Hunnen? Aus welcher Sicht beurteilt er sie?
b) Welche Örtlichkeit, welchen Vorgang beschreibt Priscus? Warum könnte sein Bericht glaubwürdiger sein?
c) Vergleiche beide Darstellungen! Worin empfindest du vor allem Widersprüche?

Der Zusammenbruch des Römerreichs

Seit 395 war das Römerreich in eine westliche und eine östliche Hälfte geteilt und wurde seitdem von zwei Kaisern regiert: einem in der alten Hauptstadt Rom und einem in der neuen „oströmischen" Hauptstadt Byzanz oder Konstantinopel. Die oströmische Reichshälfte hielt sich als „Reich von Byzanz" unter mannigfachen Kämpfen bis zum Jahre 1453. Die weströmische Reichshälfte aber wurde im Verlauf des 5. Jahrhunderts fast vollständig von den wandernden Germanenstämmen eingenommen. 476 setzte ein germanischer Söldnerführer den letzten Kaiser von Westrom, *Romulus*, einen unmündigen Knaben, ab.

Die germanischen Stämme errichteten auf dem Gebiet des Römerreichs ihre eigenen Herrschaftsgebiete. Das waren vor allem die Stämme der Wandalen, der Ostgoten, der Westgoten, der Angeln und Sachsen sowie der Franken. Die meisten neuen Reiche hatten jedoch keine lange Dauer: zu gering war die Zahl der Germanen, zu ungewohnt das Klima, zu unterschiedlich waren die Lebensgewohnheiten. So unterlagen die germanischen Eroberer sehr bald Angriffen von außen, oder sie vermischten sich mit der Landesbevölkerung.

Arbeitsvorschlag

Auf der Kartenfolge lernst du einige der Germanenstämme kennen, die an der großen Völkerwanderung beteiligt waren. Verfolge und beschreibe ihre Züge im einzelnen!

Der bedeutendste Herrscher der Ostgoten war Theoderich (Abbildung oben). Er regierte von 471 bis 526. Sein Grabmal steht noch heute in Ravenna, einer norditalienischen Stadt.

Auf Kap Arkona (Insel Rügen) errichteten die Slawen eine Burg mit einem Tempel. Darin befand sich das Standbild ihres Hauptgottes, des viergesichtigen Svantevit. Die Reste des Burgwalls heben sich auch heute noch deutlich heraus.

Die Einwanderung der Slawen

In der Völkerwanderung hatten die germanischen Stämme ihre Siedlungsgebiete östlich der Elbe aufgegeben. In diese weithin menschenleeren Räume wanderten nunmehr slawische Stämme ein. Ihre ursprüngliche Heimat lag wahrscheinlich im Gebiet nördlich der Karpaten. Zwischen 500 und 600 n. Chr. besiedelten sie das Land zwischen Elbe und Oder. Einige Stämme fanden in Holstein eine neue Heimat.

Im Lauf der Jahrhunderte hoben sich einzelne Stammesverbände deutlicher heraus. Im Norden waren dies die *Obodriten* und *Wilzen*, im Land um Elbe und Saale die *Sorben*. Zwischen ihnen wurden im Havelland die *Heveller* bedeutsam.

Hölzerner slawischer Hakenpflug aus dem 8. Jahrhundert. Er blieb fast vollständig erhalten und wurde bei Dabergotz (Kreis Neuruppin) gefunden.
Die Ziffer ① bezeichnet die Pflugschar. Sie ist durch ein Loch im Pflugbaum ② geführt und mit Keilen ③ festgeschlagen. Vom Pflugbaum führt eine Deichsel ④ zu den Zugtieren. Die Pflugschar wird auf dem Boden durch den Sohlenbalken ⑤ in ihrer Schräglage gehalten. Mit dem „Sterz“ ⑥ lenkt der Pflüger das Gerät.
Der Buchstabe Ⓐ zeigt, wie die Pflugschar von oben aussieht. – Sterz und Deichsel haben sich nicht erhalten.

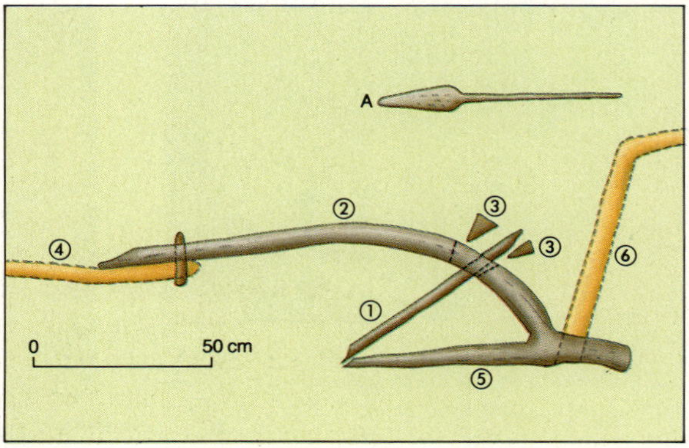

Rekonstruktion einer slawischen Wallanlage. Sie befand sich bei Scharstorf im Kreis Plön (9./10. Jahrhundert). – Eine Halbinsel wurde durch einen 150 m langen, 4–5 m hohen und 8 m breiten Vorwall abgeriegelt (rechts im Bild). Dahinter war die Fluchtstätte für die Bevölkerung. Der ständige Sitz des Fürsten lag in der runden Anlage. Beschreibe bitte Einzelheiten!

Westlich der Elbe entstanden slawische Siedlungen vor allem in Thüringen und im Wendland (bei Lüneburg). Ähnlich wie die Germanen lebten die Slawen in Dörfern, die sie freilich mit Vorliebe an See- und Flußufern anlegten. Auch sie ernährten sich von Bodenbau und Tierhaltung, von der Jagd und der Fischerei. Häufig waren ihre Dörfer kreisförmig um den Dorfplatz angelegt (*Rundling*). Stammesfürsten ließen ihre Wohnsitze ebenfalls durch runde Befestigungswälle schützen (*Ringwallanlage*). In den Ländern der Bundesrepublik Deutschland haben sich mehrere tausend slawische Siedlungen nachweisen lassen.

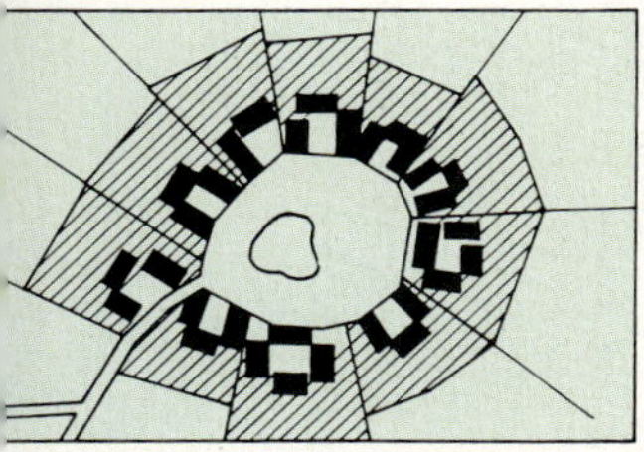

Slawischer Rundling

Andere slawische Stämme siedelten in den Gebieten östlich der Oder, im heutigen Polen und Westrußland. Aus ihnen gingen die Völker der Russen, Polen und Tschechen hervor sowie einige Völker auf dem Balkan.

Wir merken uns

Ein Vorstoß der Hunnen leitete um 375 n. Chr. die germanische Völkerwanderung ein. Das Römerreich zerfiel. Auf dem Boden der weströmischen Reichshälfte errichteten die Germanen eigene Herrschaftsgebiete von zumeist nur kurzer Dauer.

In die weithin menschenleeren Räume östlich von Elbe und Saale wanderten zwischen 500 und 600 n. Chr. slawische Stämme ein.

2 Europa und die Mittelmeerwelt

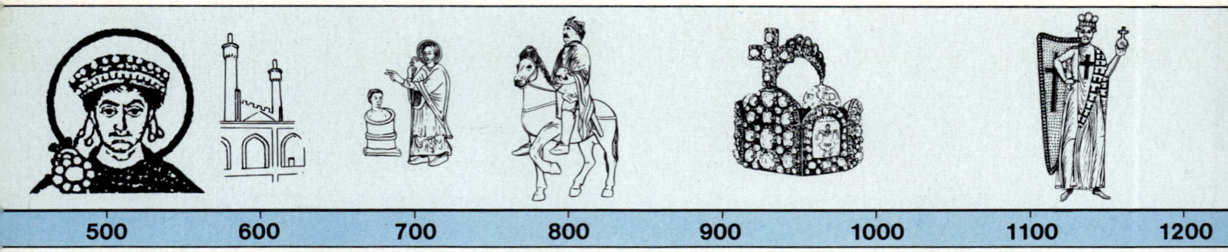

Rückblick und Ausblick

An dieser Stelle wollen wir erneut zurückblicken und zusammenfassen, mit welchen Themen der Geschichte wir uns seither im einzelnen beschäftigt haben. Der nachfolgende „Ausblick" zeigt, worauf es in den nächsten Teilen ankommt.

Rückblick: Vorgeschichte

Wir nennen diese ganz alten Zeiten der Geschichte zusammenfassend die Vorgeschichte. Sie dauerte in unserer Heimat etwa bis zur Zeit um Christi Geburt. Vom Leben der Menschen in der Vorgeschichte wissen wir vor allem aus Funden im Erdboden.

Rückblick: Altertum

Wir haben aus der Geschichte *Ägyptens* gelernt, aus welchen Notwendigkeiten ein Staat entstand und wie sich in diesem Staat die sozialen Unterschiede unter den Menschen entwickelten. Wir haben am Beispiel des *Zweistromlandes* gelernt, wie Städte entstanden. Wir haben gelernt, wie sich in diesen Stromtälern erste große Kulturen bildeten.

Wir haben aus der *griechischen* Geschichte gelernt, in welchen Formen sich zum ersten Male eine Demokratie darstellte und welche Bedeutung die griechische Kultur bis in unsere Gegenwart hat.

Wir haben aus der *römischen* Geschichte gelernt, wie ein Weltreich zu einer Einheit zusammenwachsen und wie sich städtisches Leben auch bereits in Teilen des heutigen Deutschlands entwickeln konnte.

Mit den *Schriftquellen* sind wir neuen Möglichkeiten der Geschichtsforschung begegnet.

Ausblick: Mittelalter

Wir werden lernen, wie sich nach dem Zerfall des römischen Weltreichs am Mittelmeer und in Europa allmählich neue politische Gemeinschaften bildeten. Wir werden lernen, wie die Völker Europas von der griechisch-römischen Kultur und von der christlichen Religion geformt wurden. Wir werden lernen, wie die deutsche Geschichte begann.

Wir werden lernen, welche Abhängigkeiten zwischen den Menschen im Mittelalter bestanden. Wir werden lernen, welche Aufgaben Kaiser, Fürsten und Ritter in dieser Zeit wahrnahmen. Wir werden lernen, wie sich die Grundherrschaft auf das Leben der Bauern auswirkte. Wir werden lernen, welche Rolle Mönche und Klöster im Mittelalter spielten. Wir werden lernen, wie die Städte in Europa neu entstehen konnten, wie sich das Leben in einer Stadt im Mittelalter abspielte und vor welchen Problemen ihre Bürger standen.

◁ *Diese 547 entstandene Mosaikarbeit aus der Kirche San Vitale in Ravenna zeigt Theodora, die Gemahlin des oströmischen Kaisers Justinian. Die Kaiserin trägt einen goldenen, mit Juwelen verzierten Kelch in den Händen, den sie anläßlich der Weihe dieser Kirche überreicht. Rechts neben ihr zwei Hofdamen, links ein Diener.*

Die Karte zeigt die Mittelmeerwelt um 750. – Betrachte bitte noch einmal die Karte auf S. 24 unten und vergleiche! Welche Veränderungen im Gebiet rund um das Mittelmeer sind besonders festzustellen?

Kaiser Justinian. Mosaik aus Ravenna (547)

Das oströmische Reich

Kaiser Justinian

Die östliche Hälfte des römischen Weltreichs hatte die Stürme der Völkerwanderungszeit überstanden (vgl. S. 25). Seine Kaiser konnten diesen Staat zunächst sogar zu neuer Macht und Größe führen. Besonders Kaiser *Justinian* (527–565) versuchte noch einmal, das einheitliche Weltreich wiederherzustellen. Seinen Feldherrn gelang es, Teile von Italien zurückzuerobern. Dazu gehörte Ravenna, wo das herrliche Mosaik entstand, das vorn abgebildet ist.

Kaiser Justinian war es auch, der die Hauptstadt *Konstantinopel* (oder *Byzanz*) mit großartigen Bauwerken schmücken ließ. Sie wurde zu einer Weltstadt, die dem alten Rom in nichts nachstand: mit Palästen, Wasserleitungen und Festungsanlagen. Statt Tempeln aber entstanden hier christliche Kirchen, denn auch dieser Staat war christlich geworden. Am herrlichsten war die – bis heute erhaltene – Kirche der „Heiligen Weisheit“ (die *Hagia Sophia*). Sie wird von einer Kuppel mit einem Durchmesser von 32 m gekrönt – eine für die damalige Zeit unerhörte Leistung!

Die oströmischen Kaiser hielten das Reich zunächst straff zusammen. Dann jedoch zerbröckelte es unter den Anstürmen vieler Völker, bis 1453 auch die Hauptstadt von den Türken erobert wurde.

Arbeitsvorschläge

1. In der Darstellung der Kaiserin Theodora begegnet dir ein Beispiel *byzantinischer* Kunst, das dir zunächst fremdartig erscheinen mag. Arbeite dich bitte in dieses Bildwerk ein!
   a) Lies zunächst noch einmal die Beschreibung dazu!
   b) Wie würdest du das Gesicht der Kaiserin beschreiben? Welchen Schmuck, welche Kleidung trägt sie? Wodurch ist sie noch besonders hervorgehoben?
   c) Wie unterscheiden sich die Hofdamen – in der Haltung, in der Kleidung, im Schmuck, im Gesichtsausdruck?
   d) Welcher Teil des Gesichts ist bei allen Gestalten ungewöhnlich groß wiedergegeben?
2. Diese Darstellung ist ein *Mosaik*, ein aus lauter kleinen Steinchen, Marmor- oder Glasstückchen zusammengesetztes Bildwerk. Mache dir an einem Ausschnitt klar, wie geschickt die Anordnung der farbigen Steinchen im einzelnen erfolgt ist! Welche Farben herrschen im Bildwerk vor?
3. Eine Mosaikarbeit findest du auch auf Seite 31. – Ist diese Kunst wirklich fremdartig? Gefällt sie dir? Begründe dein Urteil!

Blick in das Innere der Hagia Sophia. – Ursprünglich waren die Wände mit Mosaiken überzogen. Nach der Eroberung Konstantinopels durch die Türken 1453 wurde die Kirche in eine Moschee umgewandelt.

Die Karte zeigt die Ausbreitung des Christentums bis 600. – Sie macht zugleich einen Grundvorgang der weiteren europäischen Geschichte deutlich: Im oströmischen Reich setzten sich andere Auffassungen vom Christentum durch. Im Jahre 1054 trennten sich die römisch-katholische Kirche Westeuropas und die griechisch-orthodoxe Kirche Osteuropas. So wie Rom durch seine Missionare die heidnischen Germanen Westeuropas für das Christentum gewonnen hatte, so hatte auch Byzanz den griechisch-orthodoxen Glauben über die Völker Osteuropas verbreitet. Die wichtigste Leistung war die Christianisierung Rußlands (um 1000).

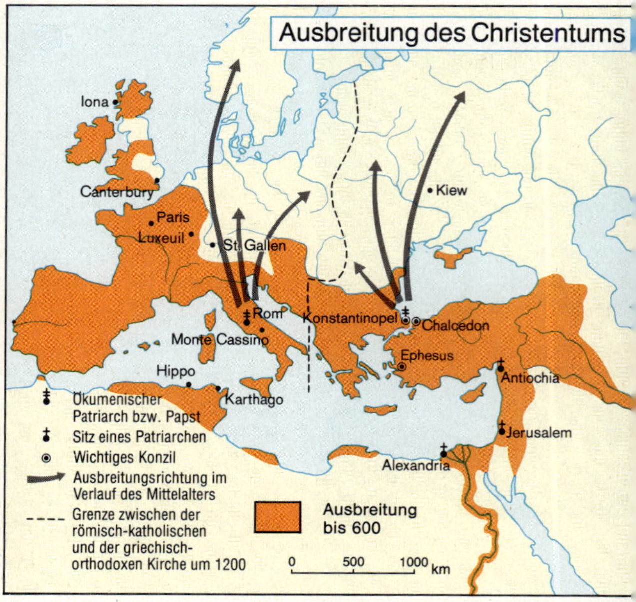

Islam – die Religion der Mohammedaner

Mohammed

Um 600 lebten die arabischen Stämme in dem Wüstengebiet der arabischen Halbinsel. In der Stadt Mekka wurde 570 Mohammed geboren. Als Kaufmann kam er auf langen Reisen mit Juden und Christen zusammen. Er hörte sie von ihrem Glauben erzählen, von ihrem einzigen, allmächtigen Gott. Immer stärker wurde auch in ihm die Überzeugung, daß es nur *einen* Gott gibt und nicht viele, wie die Araber glaubten. In langen Nächten meinte er, den einen Gott, *Allah*, zu sich sprechen zu hören, dessen Aufträge und Befehle zu empfangen.

So fühlte sich Mohammed bald als Botschafter Gottes, als *Prophet*. Er verkündete, was Allah ihm aufgetragen hatte. Er forderte von den Arabern, sich von ihren alten Göttern abzuwenden und nur Allah ergeben zu sein. Viele strenge Regeln schrieb er ihnen im Namen Allahs vor: Beten, Fasten, Unterstützung der Armen, Pilgerfahrten. „Mit Feuer und Schwert" sollten die Araber für die Verbreitung ihres neuen Glaubens sorgen. Wem es gelang, die „Ungläubigen" zu Allah zu bekehren, dem stand bei seinem Tode ein herrliches Paradies offen, ein reich bewässerter, schattiger Garten, in dem ewig Frühling herrschte.

In Mekka befand sich ein Heiligtum, zu dem schon vor Mohammed die Araber gezogen waren: die *Kaaba*. Mohammed ließ sie von alten Götterbildern säubern und erklärte sie zum religiösen Mittelpunkt seiner neuen, strengen Lehre. So ist sein Geburtsort Mekka bis heute die heilige Stadt der Mohammedaner.

Die Kaaba in Mekka ist das zentrale Heiligtum der Mohammedaner. Zu ihr wenden sich die Gläubigen fünfmal am Tage im Gebet. Ebenso unternimmt jeder Gläubige einmal im Leben eine Wallfahrt zu diesem Ort, wobei er die Kaaba siebenmal umschreitet.

Die Kaaba (arabisch: Würfel) ist ein würfelförmiges Gebäude. Sie ist von einem großen Innenhof umgeben, der durch weite Säulenhallen eingegrenzt wird.

An der Südostecke der Kaaba ist ein schwarzer Stein (wohl ein Meteorit) eingemauert, den die Pilger küssen. Nach der Legende hat der Erzengel Gabriel dem Stammvater Abraham den schwarzen Stein übergeben, als dieser auf Gottes Befehl hin die Kaaba erbaute.

Die Kaaba, das Heiligtum und Wallfahrtsziel der Mohammedaner in Mekka

Arbeitsvorschläge

1. Als *Islam* bezeichnen wir die von Mohammed begründete Religion, als *Mohammedaner* (auch *Moslems* oder *Muslime*) ihre Anhänger. – Warum war es für die Durchsetzung des Islam günstig, das alte Heiligtum in Mekka beizubehalten?

2. Beschreibe die Abbildung der Kaaba! Wer bevölkert wohl den Platz? – Versuche, einen Grundriß der Anlage zu zeichnen!

Aus dem Koran, dem heiligen Buch der Moslems

Was Mohammed verkündet hatte, schrieben seine Anhänger nieder. So entstand der *Koran* (arabisch: Buch), das Glaubensbuch der Moslems. Es ist in Suren (arabisch: Kapitel) gegliedert und enthält auch zahlreiche Vorschriften für das tägliche Leben.

„Es gibt keinen Gott außer Gott, und Mohammed ist sein Prophet" – diese Worte stehen in arabischen Schriftzeichen auf einer Keramiktafel aus dem 17. Jahrhundert.

2. Sure, 256–258
Allah! Es gibt keinen Gott außer ihm, dem Lebendigen, dem Ewigen! Nicht ergreift ihn Schlummer und nicht Schlaf. Sein ist, was in den Himmeln und was auf Erden.
2. Sure, 172
Die Frömmigkeit besteht nicht darin, daß ihr eure Angesichter gen Westen oder Osten kehret; vielmehr ist fromm, wer da glaubt an Allah und den jüngsten Tag und die Engel und die Schrift und die Propheten und wer sein Geld aus Liebe zu ihm ausgibt für seine Angehörigen und die Waisen und die Armen und den Sohn des Weges und die Bettler und die Gefangenen und wer das Gebet verrichtet und die Armensteuer bezahlt.
4. Sure, 1, 3, 38 f.
Die Männer stehen über den Frauen, weil Allah ihnen den Vorzug gegeben hat und weil sie von ihrem Geld für sie auslegen. Die rechtschaffenen Frauen sind gehorsam. Und so ihr einen Bruch zwischen Mann und Weib fürchtet, so bestellt einen Schiedsrichter von beiden Familien. Wollen sich die beiden aussöhnen, so wird Allah Frieden zwischen ihnen stiften; denn er ist wissend und weise.
47. Sure, 16 f.
Das Bild des Paradieses, das dem Gottesfürchtigen verheißen ward: In ihm sind Bäche von Wasser, das nicht verdirbt, und Bäche von Milch, deren Geschmack sich nicht ändert, und Bäche von Wein, köstlich den Trinkenden.

(Nach: G. Guggenbühl, Quellen zur Geschichte des Mittelalters, Band 2, Zürich 1958, S. 43–47)

Zu den Pflichten der männlichen Gläubigen gehört der Besuch einer Moschee an jedem Freitag, dem Festtag der Moslems. Eine Moschee besteht aus einem Innenhof mit einem Brunnen, wo man sich vor dem Gebet wäscht, und einer weiten Säulenhalle, in der man sich zum Gebet versammelt.
Zur Moschee gehört auch fast immer (mindestens) ein Turm, ein Minarett. Vom Turm aus ruft der Muëzzin, der Moscheediener, die Gläubigen fünfmal täglich zum Gebet – eine Aufgabe, die heute zumeist freilich ein Lautsprecher übernommen hat. Wie beim Freitagsgebet in der Moschee verbeugen sie sich auch bei diesen Gebeten in Richtung Mekka.

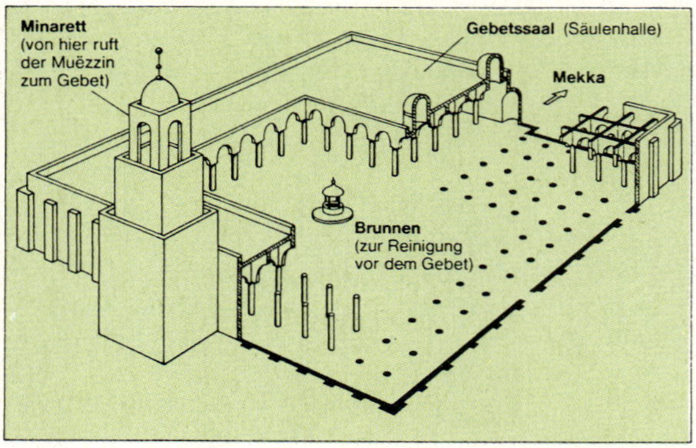

Arbeitsvorschlag

Arbeite den Quellentext bitte durch!

a) Wo wird deutlich, daß auch Mohammed *einen allmächtigen* Gott verkündet?
b) Was ist für Mohammed falsche Frömmigkeit? Woran soll ein frommer Mensch vielmehr glauben? Wie soll er sich gegenüber Hilfsbedürftigen verhalten?
c) Was sagt der Text über die Stellung der Frau im Islam aus? Was gefällt, was mißfällt dir evtl. an den Vorschriften der 4. Sure?
d) Warum war Mohammeds Bild des Paradieses für seine Mitmenschen in und um Mekka so besonders anziehend?

Inneres der Großen Moschee von Córdoba

Sidi-Okba-Moschee in Kairuan

Moschee in Isfahan mit Minaretten

Der „Heilige Krieg"

Nach Mohammeds Tod begann unter den *Kalifen* (arabisch: Nachfolger) der Krieg für die Ausbreitung des neuen Glaubens. In allen Richtungen stießen die Reiterscharen der Araber unter der grünen Fahne des Propheten vor. Sie eroberten große Teile des oströmischen Reiches. Sie drangen entlang der Küste Nordafrikas auch über Spanien in Südfrankreich ein. Hier – in einer großen Schlacht bei Tours und Poitiers im Jahre 732 – wurden sie von einem fränkischen Heer unter dem Frankenherrscher *Karl Martell* zurückgeschlagen. Spanien aber blieb für Jahrhunderte in ihrem Besitz.

Arabische Kultur

Überall in den neu eroberten Gebieten errichteten die Araber prächtige Moscheen zu Ehren Allahs. Aber nicht nur in der Baukunst haben die Araber Großartiges geleistet. Bis heute rechnen wir mit Hilfe der *„arabischen Ziffern"*, die wir von ihnen übernommen haben. Auch in der Sternkunde, der *Astronomie*, und in der *Medizin* zeigten sie sich als Meister.

Arabische Ärzte führten zum Beispiel bereits schwierige Operationen durch, wie die Amputation von Armen und Beinen oder Bauchoperationen. Als Betäubungsmittel benutzten sie unter anderem auch Opium.

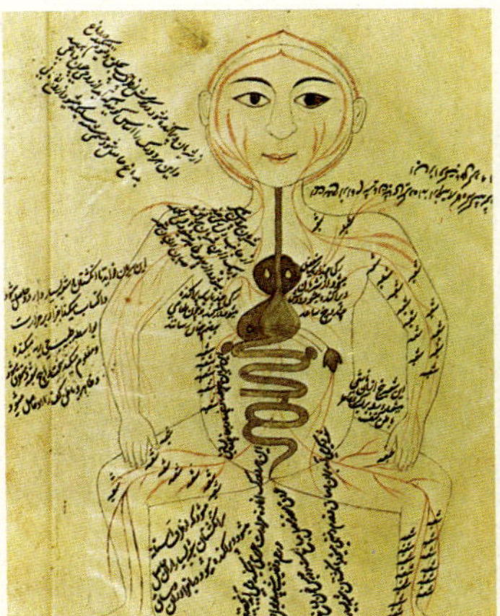

Bild links: Zeichnung aus einem Medizinbuch. – Bild rechts: Astronomen bei der Arbeit in einer Sternwarte

Geschichte und Gegenwart

Angehörige der wichtigsten Weltreligionen um 1990 (Schätzungen in Millionen)

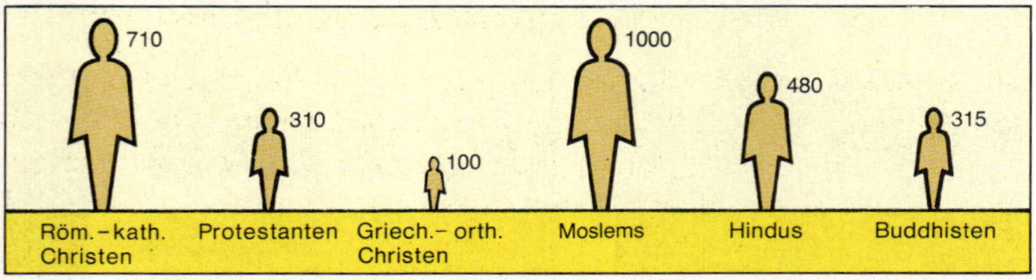

Der Islam in unserer Gegenwart

Ist das verstaubte Geschichte, was wir hier über den Islam lernen? Sicherlich nicht.

Der Islam ist eine der *Weltreligionen*. Es gibt inzwischen mehr als eine Milliarde Menschen, die sich zu dieser Lehre bekennen, und mehr als 1,5 Millionen von ihnen leben unter uns. Dies sind vor allem türkische Gastarbeiter und ihre Familien. Vielleicht gibt es auch in deiner Klasse Schüler oder Schülerinnen, die Moslems sind.

Aber auch in der *Politik* spielt der Islam eine große Rolle. Beinahe täglich sehen wir im Fernsehen Berichte über Ereignisse in islamischen Staaten. In einigen von ihnen wird das gesamte Leben vom Koran bestimmt. Aus islamischen Staaten kommt ein großer Teil des Erdöls, von dem wir heute abhängig sind.

Türkischer Gastarbeiter beim Gebet an seinem Arbeitsplatz in der Bundesrepublik Deutschland. Er verbeugt sich in Richtung Mekka. Welche Himmelsrichtung ist dies?

Arbeitsvorschläge

1. Überlege bitte einmal, welche Probleme ein gläubiger Anhänger des Islam haben könnte, der als Gastarbeiter in der Bundesrepublik Deutschland lebt und arbeitet. Bedenke die Vorschriften Mohammeds (Gebet, Feiertag)!

2. Viele Begriffe aus dem Arabischen benutzen wir noch heute, z. B. Atlas, Giraffe, Gitarre, Kaffee, Marzipan, Mokka, Muskat, Schach, Scheich, Sofa. Erkläre diese zehn Lehnwörter!

3. Seit 750 hat sich die Lehre des Islam noch weiter ausgebreitet, z. B. in das Gebiet der heutigen Türkei. Versuche festzustellen, in welchen Teilen der Welt der Islam heute verbreitet ist!

Wir merken uns

Die östliche Hälfte des römischen Weltreichs mit der Hauptstadt Konstantinopel bestand bis 1453 weiter.

Mohammed begründete im 7. Jahrhundert die Lehre des Islam. Unter seinen Nachfolgern eroberten die Mohammedaner weite Gebiete am Mittelmeer und im asiatischen Raum.

Europa entsteht

Die Germanen werden Christen

Götter und Geister der Germanen

Für die Germanen war die Natur von Göttern belebt. Wenn der Sturm um die Häuser heulte, so jagte der Göttervater Wotan auf seinem Pferd durch die Luft. Wenn der Donner grollte, so hatte der regenbringende Donar seinen Hammer auf die Erde geworfen. Um die Götter freundlich zu stimmen, brachten ihnen die Germanen in „Heiligen Hainen" Opfer dar: Früchte, Tiere, Kriegsbeute und manchmal Menschen.

Aber auch andere Wesen – so glaubten sie – hausten auf der Erde und griffen zuweilen in das Leben der Menschen ein: Zwerge in den Höhlen, Riesen auf den Bergen, Nixen in den Gewässern. Es war eine bunte Welt der Götter und Geister. In Sagen und Märchen finden wir noch manche Spuren aus dieser Welt.

Die Begegnung mit dem Christentum

Diejenigen Germanenstämme, die auf der großen Völkerwanderung in das römische Weltreich vorgestoßen waren, hatten hier den christlichen Glauben kennengelernt. Häufig waren sie selbst Christen geworden. Vom Jahre 600 an aber wurde die christliche Lehre auch zu den Germanen gebracht, die in ihrer Heimat geblieben waren. Glaubensboten („Missionare") reisten durch das Land und warben für das Christentum.

Bonifatius

Der berühmteste Missionar war Bonifatius. Immer wieder zog er in das Land der *Thüringer* und der *Hessen*. Schwer war es, diese Menschen zu bekehren, denn Gott war ja nicht zu hören und zu sehen. Einmal aber fällte Bonifatius eine uralte Eiche, die Donar geweiht war. Als die Rache Donars ausblieb, glaubten viele, daß der Christengott stärker sei und ließen sich taufen. Um die Getauften bei ihrem neuen Glauben zu halten, setzte Bonifatius an manchen Orten tüchtige Helfer als Bischöfe ein. So entstanden auch im Germanenland Bischofssitze, die Bonifatius von Mainz aus leitete. Als alter Mann wollte er noch selbst die *Friesen* bekehren. Dabei starb er 754 den Tod als Märtyrer.

Bonifatius tauft einen Germanen, der durch einen Helfer in ein Taufbecken eingetaucht wird. Die rechte Bildhälfte zeigt, wie er den Märtyrertod erleidet. Diese Darstellung entstand um 875.

Die „Armen im Himmelreich“

Der Bischof Wulfram wirkte wie Bonifatius bei den Friesen. Aber auch er konnte sein Ziel nicht erreichen:

> „Der Friesenherzog Radbod selbst war schließlich geneigt, sich taufen zu lassen. Er zögerte aber immer noch und verlangte von dem Bischof, er solle ihm sagen, wo die verstorbenen Könige und Häuptlinge des Friesenstammes weilten: In jenem himmlischen Reiche, das er selbst erlangen solle, wenn er glaube und getauft werde, oder in der höllischen Verdammnis, von welcher der Bischof spreche. Darauf erwiderte der Mann Gottes: ‚Täusche dich nicht, edler Fürst. Bei Gott ist die Schar seiner Erwählten. Aber deine Vorgänger, die Friesenfürsten, die gestorben sind ohne Taufe, die haben unbedingt das Urteil der Verdammnis zu empfangen ...‘ Als dies der Herzog hörte, der schon zum Taufbecken schreiten wollte, zog er den Fuß zurück und sagte, er könne nicht auf die Gemeinschaft mit allen, die vor ihm über die Friesen geherrscht hätten, verzichten und wolle nicht mit einer kleinen Zahl von Armen im Himmelreich sitzen.“
>
> *(Nach: „Leben des Heiligen Wulfram“)*

Nach und nach aber wurden immer mehr Germanen zu Christen, entstanden neue Bischofssitze im Germanenland – so auch im Land der Friesen und später der Sachsen.

Arbeitsvorschläge

1. Nenne die Gebiete, in denen Bonifatius missionierte, und bezeichne sie auf der nebenstehenden Karte! Welche Bischofssitze wurden von ihm eingerichtet oder neu geordnet? Suche sie auch auf deiner Atlaskarte und versuche festzustellen, ob sie heute noch bestehen! (Einen Ort Büraburg gibt es heute nicht mehr.)
2. In welchen Gebieten bestanden bereits vor Bonifatius Bischofssitze? Welche Zusammenhänge bestehen zur Karte auf S. 32?
3. Welche möglichen Gründe konnte es für einen Germanenfürsten geben, sich nicht taufen zu lassen? War wohl damals jeder, der sich taufen ließ, gleich ein „Bekehrter“?
4. Als Märtyrer bezeichnen wir einen Menschen, der wegen seines Glaubens oder seiner Gewissensüberzeugung getötet wird. Kannst du außer Bonifatius andere Beispiele nennen?
5. In einem unserer Wochentage hat sich der Name des germanischen „Hammergottes“ erhalten. In welchem?

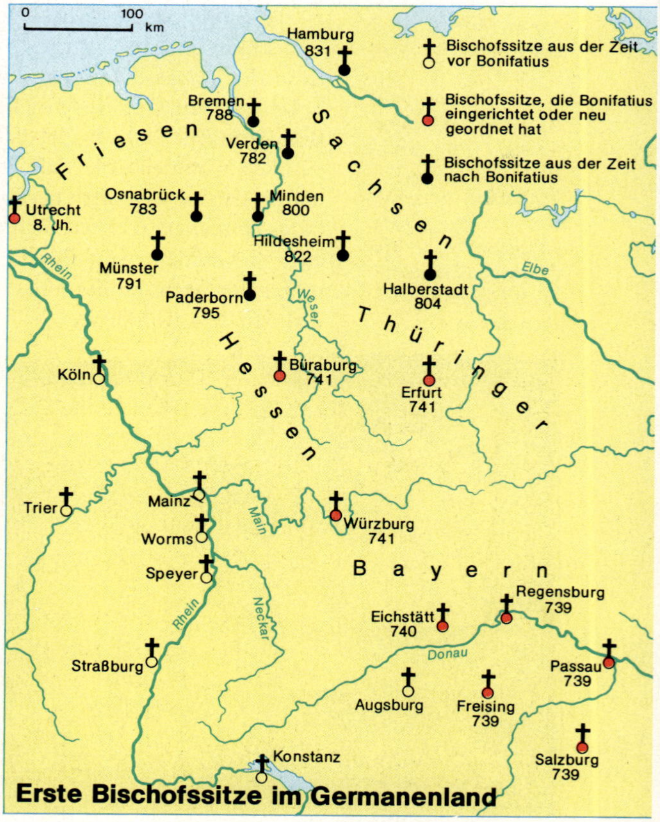

Erste Bischofssitze im Germanenland

Fränkische Krieger belagern eine befestigte Stadt. Bild aus einer Handschrift des 9. Jahrhunderts

Das Reich der Franken

Die Anfänge

Betrachte bitte noch einmal die Karte auf S. 24! Dort findest du einen germanischen Stamm verzeichnet, der in der großen Völkerwanderung seine Wohnplätze nicht verließ, sondern sich nur nach Süden ausdehnte: die Franken.

Ursprünglich lebten die Franken im Mündungsgebiet des Rheins. Allmählich drängten sie mehr und mehr in die einstige römische Provinz Gallien, das heutige Frankreich, hinein. Um 500 faßte der fränkische König *Chlodwig* das gesamte eroberte Gebiet zu einem Reich zusammen. Seine Nachfolger stießen weit über den Rhein vor und unterwarfen andere Stämme, unter ihnen die Schwaben und Thüringer.

Der Kirchenstaat

In einem Krieg gegen die Langobarden eroberten die Franken einen Gebietsstreifen zwischen Rom und Ravenna. Der fränkische König *Pippin* schenkte ihn dem Papst. So erhielten die Päpste ein eigenes Herrschaftsgebiet, den „Kirchenstaat". Er hat bis 1870 bestanden.

Karl der Große

Im Jahre 768 gehörten zum Frankenreich: das heutige Frankreich, Belgien, Holland, die Gebiete an Rhein, Main und Mosel sowie das heutige Württemberg und Thüringen.

In diesem Jahre 768 wurde ein neuer König Herrscher über das Frankenreich: Karl. Wir kennen ihn recht genau. Sein Vertrauter, Einhard, hat ihn uns so beschrieben:

„Er war von breitem und kräftigem Körperbau und von hervorragender Größe. Seine Augen waren sehr groß und lebendig, die Nase ging etwas über das Mittelmaß. Er hatte schöne weiße Haare und ein freundliches, heiteres Gesicht. So war seine Gestalt, mochte er sitzen oder stehen, höchst würdig und stattlich, obwohl sein Nacken dick und kurz, sein Bauch etwas herabhängend scheinen konnte.

Beständig übte er sich im Reiten und Jagen, wie es die Sitte seines Volkes war. Er übte seinen Leib fleißig im Schwimmen.

Er kleidete sich nach landesüblicher, nämlich fränkischer Weise. Auf dem Leib trug er ein leinenes Hemd und leinene Unterhosen, darüber ein Wams, das mit seidenen Streifen verbrämt war, und Hosen. Die Beine bedeckte er mit Binden und die Füße mit Schuhen. Mit einem aus Fischotter- und Zobelpelz gefertigten Rock schützte er im Winter Schultern und Brust. Schließlich trug er einen blauen Mantel und immer das Schwert an der Seite.

Bei festlichen Gelegenheiten trug er ein mit Gold durchwirktes Kleid und mit Edelsteinen besetzte Schuhe. Der Mantel wurde durch eine goldene Spange zusammengehalten. Auf dem Kopf trug er dann eine aus Gold und Edelsteinen gefertigte Krone.

Was er wollte, konnte er leicht und klar ausdrücken. Im Lateinischen brachte er es so weit, daß er es wie seine Muttersprache redete. Er erlernte die Kunst zu rechnen. Auch zu schreiben versuchte er und pflegte deswegen Tafel und Papier im Bett unter dem Kopfkissen mit sich herumzuführen, um in freien Stunden seine Hand an die Gestaltung von Buchstaben zu gewöhnen. Indes brachte er es hierin mit seinen Bemühungen nicht weit, da er es zu spät angefangen hatte."

(Nach: Einhard, Leben Karls des Großen, Darmstadt 1955)

△ Münze aus der Zeit Karls des Großen. Die Vorderseite zeigt das Bildnis des Kaisers. Vergleiche es mit dem Bronzestandbild rechts!

Die Umschrift auf der Vorderseite wirst du entziffern können: „KAROLUS IMPAUG". Die Buchstaben IMP bedeuten „Imp(erator)", das ist ein lateinisches Wort für den obersten Feldherrn. Die Buchstaben AUG sind eine Abkürzung für „Aug(ustus)", eine Bezeichnung, die der erste römische Kaiser getragen hatte und die etwa „Vergrößerer des Reiches" bedeutet. An welches Vorbild knüpft Karl also an?

Woran erinnert dich das Bauwerk auf der Rückseite der Münze? Woran erkennst du jedoch, daß es sich um eine christliche Kirche handelt? Die Umschrift lautet: „XPICTIANA RELIGIO" (Christiana Religio) und ist lateinisch. Du kannst es sicher übersetzen.

Vorder- und Rückseite dieser Münze geben dir wichtige Aufschlüsse über die beiden Grundlagen, die Karl für sein Kaisertum sah.

Karl der Große (742–814). Kleines Reiterstandbild, ▷ Höhe 24 cm. Die Figur des Herrschers stammt aus dem 9. Jahrhundert, das Pferd wurde später erneuert.

Der Ausbau des Frankenreichs

Weit dehnte Karl seine Macht über die Gebiete aus, die an das Frankenreich grenzten:

Mit seinen Heeren eroberte er das Reich der *Langobarden* südlich der Alpen. Auch das Land der *Bayern*, das sich damals bis Südtirol erstreckte, wurde in das Frankenreich eingegliedert.

Die Sachsenkriege

Dreißig Jahre lang dauerte der Kampf gegen den letzten noch freien und heidnischen Stamm der Germanen: die *Sachsen*. Immer wieder stießen fränkische Soldaten weit in das sächsische Land hinein. Aber immer wieder erhoben sich die Sachsen. Dem Aufruhr folgten die Strafzüge, Unterwerfung wechselte mit erneutem Aufstand. Es waren fast immer nur einzelne Teile des Sachsenvolkes, die sich erhoben, aber es gab keine Ruhe. Schwer wurde dabei das Land verwüstet: die Saaten vernichtet, die Häuser niedergerissen, die Brunnen zugeschüttet, die Wälder in Brand gesteckt.

Das Christentum wurde zum besonderen Mittel der Unterwerfungspolitik. Bischofssitze und Kirchen durchsetzten das Land ebenso wie Königshöfe und fränkische Zwingburgen. Neue Sitze von Bischöfen wurden Verden und Osnabrück, Bremen und Minden, Münster und Paderborn. Mit härtesten Strafen und Gesetzen sollte die Annahme des neuen Glaubens erzwungen werden. So war die Bekehrung der Sachsen mit ihrer Unterwerfung verbunden.

Ein neuer großer Aufstand erfolgte nach einem schweren Strafgericht in Verden 782. Dort ließ Karl an einem Tage eine große Zahl von Sachsen hinrichten (die Zahl 4500, die man manchmal lesen kann, ist aber stark übertrieben). Im nächsten Jahr erhob sich der gesamte Stamm der Sachsen unter *Herzog Widukind*.
Schließlich griff Karl zum letzten, harten Mittel der Unterwerfung: er befahl die Umsiedlung großer Teile der Sachsen. Sie wurden zwangsweise in das Gebiet der Franken verpflanzt. Ortsnamen wie Sachsa, Sachsenberg, Sachsenhagen, Sachsenhausen erinnern noch heute an diese Massenaussiedlung. Erst 804 gab es Frieden im Sachsenland.

Die Stadt Verden an der Aller heute. Der Bischofssitz verschwand mit der Einführung der Reformation, aber der mächtige Dom kündet noch heute von der Bedeutung dieser Stadt in alter Zeit.

Aus der Sondergesetzgebung für die Sachsen (um 785)

Wer gewaltsam in eine Kirche eindringt und aus ihr gewaltsam etwas wegnimmt oder stiehlt, oder wer die Kirche in Brand steckt, der sterbe des Todes.

Wenn jemand nach heidnischer Sitte den Leichnam eines Verstorbenen verbrennt und seine Gebeine in Asche verwandelt, werde er mit dem Tode bestraft.

Wenn zukünftig im Sachsenvolk ein heimlich noch Ungetaufter sich verbergen möchte und sich weigert, zur Taufe zu kommen, weil er Heide bleiben will, dann sterbe er des Todes.

Wenn jemand einen Menschen dem Teufel geopfert hat und sein Schlachtopfer nach heidnischer Sitte den Dämonen [den germanischen Göttern] darbietet, dann sterbe er des Todes.

Wenn jemand offensichtlich dem Herrn König untreu ist, werde er mit dem Tode bestraft.

Wenn jemand Quellen oder Bäume oder Haine anbetet oder sich sonstwie heidnisch aufführt oder wenn er an einem Mahle zu Ehren der Dämonen teilnimmt, soll er, falls er von Adel ist, 60 Schillinge, wenn er frei ist, 30, wenn er hörig ist, 15 Schillinge zahlen. Und wenn die Betreffenden nicht genug besitzen, um auf der Stelle bezahlen zu können, dann sollen sie so lange als Kirchenknechte arbeiten, bis diese Summe abgezahlt ist.

Wir befehlen, daß die Leichen christlicher Sachsen zu den Friedhöfen der Kirchen und nicht zu den Grabstätten der Heiden gebracht werden.

(Leges Saxonum, nach: Geschichte in Quellen 2, München 1970, S. 90 f.)

Karls Kriege hatten zur Folge, daß wichtige Gebiete des heutigen Deutschlands zusammengeschlossen wurden. Sie wurden ein Teil des großen Frankenreichs. Seit dieser Zeit gehören die Menschen an Rhein und Elbe, gehören die Bayern, Schwaben, Hessen, Thüringer, Westfalen und Niedersachsen zusammen.

Überall dort, wo dieses große Reich an den Grenzen gefährdet war, richtete Karl „*Marken*" ein. Das waren Gebiete, in denen er Befestigungen anlegen und Bauernkrieger ansiedeln ließ. Sie sollten andrängende Feinde so lange aufhalten, bis ein fränkisches Heer aufgestellt und zur Abwehr herbeigeeilt war.

Nun gab es wieder ein Reich, das sich in seiner Größe mit dem alten römischen Weltreich vergleichen konnte.

Die Unterschrift Karls des Großen unter einer Urkunde, die am 31. 8. 790 zu Kostheim bei Mainz gegeben wurde. – Lies alle Buchstaben des Namens KAROLUS aus dem Zeichen!

Arbeitsvorschläge

1. Wo lagen die ursprünglichen Siedlungsgebiete der Sachsen? Wie hatten diese sich in der Völkerwanderungszeit ausgedehnt? Untersuche die Kartenfolge auf S. 24!
2. Suche die von Karl eingerichteten Bischofssitze auf der Karte S. 38 und stelle fest, wann sie eingerichtet wurden!
3. Stelle nach dem Quellentext die Bräuche zusammen, denen die Sachsen anhingen! Wie beurteilst du die verhängten Strafen? Wieso kann man feststellen, daß Unterwerfung und Bekehrung der Sachsen Hand in Hand gingen?
4. Dreißig Schillinge kostete ein Reitpferd der Spitzenklasse, fünfzehn Schillinge eine Herde von zwölf Schweinen oder Kühen, oder zwei Schwerter mit Scheide. Vergleiche!
5. Ein Ortsteil der heutigen Stadt *Frankfurt/Main* heißt *Sachsenhausen*. Was schließt du daraus?
6. Auch in der Geschichte unseres Jahrhunderts hat es Massenaussiedlungen gegeben. Vielleicht sind auch Verwandte von dir betroffen gewesen. Erkundige dich und berichte bitte!

Die Regierung des Reiches

Groß und mächtig war das Reich Karls. Auch das Herzland des einstigen römischen Weltreichs gehörte dazu.

„Kaiser Karl"

War Karl damit nicht eigentlich in die Reihe der großen Weltherrscher eingerückt, ein Nachfolger des Cäsar und des Augustus geworden? So empfand es auch der Papst. Am Weihnachtstag des Jahres 800 weilte Karl in Rom. In der Peterskirche setzte ihm Papst Leo eine Krone auf und feierte ihn als „Kaiser der Römer".

Die Pfalzen

Nicht allein in der Ausweitung des Reiches und in dem Aufstieg zur Kaisermacht lag Karls große Leistung. Besonders schwer war die Aufgabe, dieses mächtige Reich zu regieren. Unermüdlich reiste er mit seiner Familie und seinen Hofbeamten durch das Reich, überall nach dem Rechten sehend. Er kümmerte sich um die Gesetze in den einzelnen Landesteilen ebenso wie um die Veredlung der Obstbäume. An vielen Orten seines Reiches lagen die „Pfalzen", große Königshöfe, auf denen er dann für einige Wochen wohnte. Am liebsten aber lebte er in Aachen. Dort baute er eine besonders schöne Pfalz. Davon ist bis heute noch die herrliche Kapelle erhalten, und in ihr Karls Thron.

Die Grafschaften

Aber Karl konnte nicht gleichzeitig an allen Orten sein. Deshalb setzte er überall im Land *Grafen* ein, die in seinem Namen ein bestimmtes Gebiet verwalteten. Sie hielten an Stelle Karls Gericht, sie nahmen die Steuern ein, sie überwachten den Bau von Burgen und Wegen und führten auch die Soldaten an. So waren sie seine Stellvertreter, die mit ihm für Ruhe und Sicherheit im Reich sorgten.

Die Schulen

Damals konnten nur ganz wenige Menschen lesen und schreiben. Für die Verwaltung seines Reiches aber brauchte Karl Helfer, die seine Gesetze und Verordnungen aufschreiben, alte Bücher abschreiben, Abgaben von Bauern notieren konnten. Daher ließ er an Pfalzen und Bischofssitzen Schulen gründen, die er häufig selbst aufsuchte, um den Unterricht zu kontrollieren. So kümmerte sich Karl um das Größte ebenso wie um das Kleinste.

Karl „der Große"

Karl war 26 Jahre alt, als er den Thron bestieg, und 72, als er 814 starb. Er war ein so tüchtiger Herrscher, daß er noch zu seiner Lebzeit „der Große" genannt wurde.

Arbeitsvorschläge

1. Überlege bitte: Könnten die Regierenden heute so wie Karl der Große durch das Land reisen und immerzu von anderen Orten aus ihre Anweisungen geben?
2. Was bedeutete die Unterwerfung und Eingliederung in ein großes Reich für die betroffenen Germanenstämme, für ihre Fürsten?
3. Welche Einstellung Karls zur christlichen Religion kannst du dem auf S. 45 abgedruckten Auszug aus seiner Lebensbeschreibung entnehmen?
4. Karl war auch körperlich ein – für die damalige Zeit – „großer" Mann („sieben Fuß hoch", sagt Einhard. Ein Fuß = ca. 28 cm). Vergleiche die Schätzung Einhards mit dem Untersuchungsergebnis von 1988! – Aber nicht deshalb wurde er bereits zu Lebzeiten „der Große" genannt.
5. In welchem Verhältnis zu Karl dem Großen stand Einhard, der Verfasser dieser Lebensbeschreibung? Darf man wohl alles, was er schreibt, als ganz sicher und wahr hinnehmen? Kann seine Sicht „*objektiv*" sein? Begründe bitte! Überlege auch, ob man diese Frage wohl grundsätzlich an jede schriftliche Quelle stellen muß!

Karl war 1,82 m lang

Kaiser Karl der Große war 1,82 Meter lang. Das haben Untersuchungen von Medizinern der Rheinisch-Westfälischen Technischen Hochschule Aachen an den Gebeinen des im Jahre 814 verstorbenen Kaisers ergeben.

DIE WELT (28. Okt. 1988)

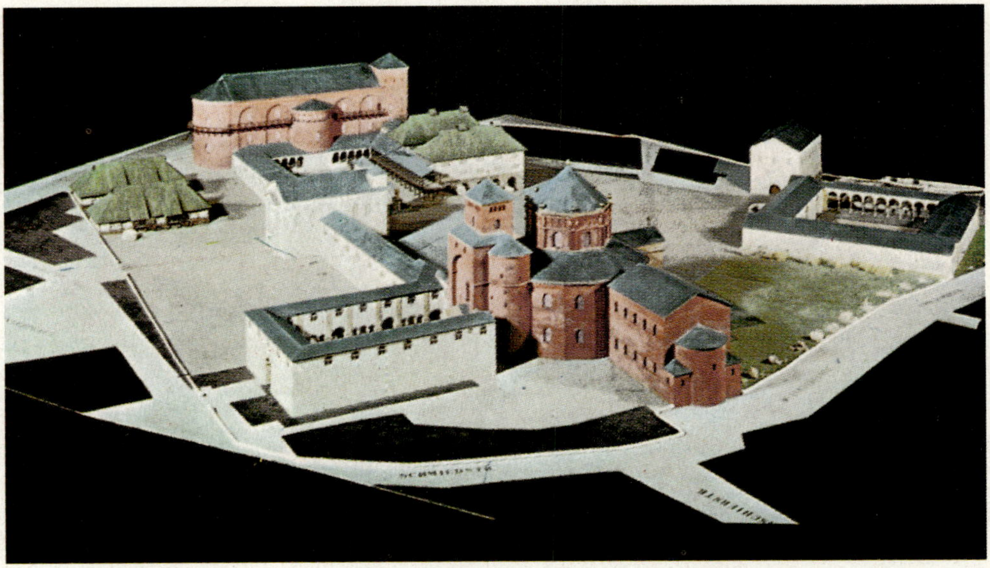

Die Kaiserpfalz in Aachen

Oben: Modell der Pfalz Karls des Großen in Aachen. – Unten: Grundriß der Pfalzkapelle

Auf dem Bild oben ist eine Rekonstruktion der Pfalz Karls des Großen in Aachen abgebildet. Im Mittelpunkt des Bildes kannst du die Pfalzkapelle erkennen, links im Hintergrund die große Halle, in der Karl Hof hielt. In den Häusern rechts vor der Halle wohnte der Kaiser mit seiner Familie. Außerhalb der engeren Pfalz – in den Häusern ganz links zum Beispiel – lebten Bedienstete und Ratgeber, darunter auch Einhard, der uns Karls Leben in Aachen beschrieben hat.

Die sechzehneckige Pfalzkapelle ist 36 m hoch und war damals der höchste Bau nördlich der Alpen. Einhard berichtet uns:

„Der christlichen Religion war Karl mit größter Ehrfurcht und Frömmigkeit zugetan. Darum erbaute er auch das herrliche Gotteshaus zu Aachen und stattete es aus mit Gold und Silber, mit Leuchtern und ehernen Gittern und Türen. Da er die Säulen und Marmorplatten für die Kirche anderswoher nicht bekommen konnte, ließ er sie aus Rom und Ravenna herbeischaffen. Die Kirche suchte er morgens und abends, auch bei den nächtlichen Andachten und zur Zeit der Messe fleißig auf."

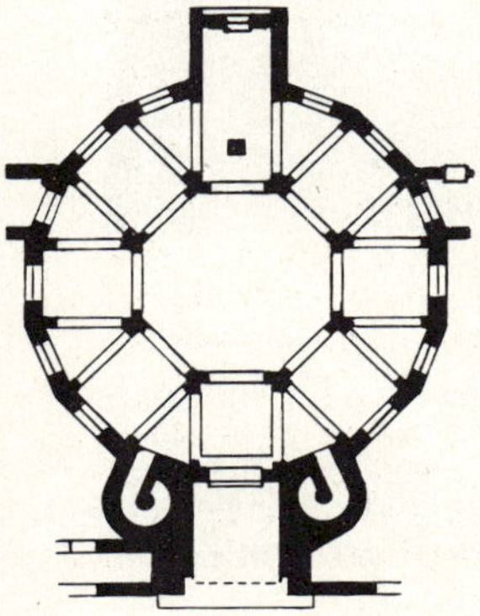

Betrachte nunmehr bitte auch das Innere der Pfalzkapelle! Der nebenstehende Grundriß erleichtert es dir, die Anlage zu übersehen. Sie hat acht Seitenwände. Wie sind diese Seitenwände gegliedert? Woran erinnert dich diese Bauweise? Du erkennst die Säulen, die Karl aus Rom und Ravenna herbeischaffen ließ. In wie vielen Stockwerken sind sie angeordnet?

Im Untergeschoß fand der Gottesdienst statt, der Platz Karls aber war im ersten Geschoß. Der marmorne Thron ist in der Bildmitte gut erkennbar.

Die Gitter um das Obergeschoß sind aus Bronze und waren früher vergoldet. Die Kuppel der Kirche ist kostbar geschmückt. Die dort dargestellten Gestalten kannst du auf dem Bild schlecht erkennen. Vielleicht besuchst du einmal Aachen und diese Kapelle?

Die Pfalzkapelle Karls des Großen in Aachen

Wir merken uns

Das Christentum setzte sich seit etwa 600 auch bei den heidnischen Germanen durch.

Das Reich der Franken vereinigte unter Karl dem Großen (768–814) viele der germanischen Stämme in einem neuen großen Reich. Aachen war einer der Mittelpunkte des neuen Kaiserreichs (seit 800).

Vom Beginn deutscher Geschichte

Die Entstehung des Deutschen Reiches

Vom Frankenreich zum Deutschen Reich

Betrachte bitte noch einmal die Karte auf S. 41!

Das Reich Karls des Großen hatte den Westen und die Mitte Europas unter seiner Herrschaft zusammengefaßt. Seine Enkel teilten schließlich 843 das Reich so auf, wie es auf dieser Karte ebenfalls dargestellt ist: in ein Mittelreich („Reich Lothars"), ein westliches Frankenreich („Reich Karls des Kahlen") und ein östliches Frankenreich („Reich Ludwigs des Deutschen"). Nach dem Tode Lothars teilten Karl und Ludwig das Mittelreich noch einmal unter sich auf.

Aus dem Westfrankenreich entwickelte sich im Verlauf des Mittelalters Frankreich, aus dem Ostfrankenreich das Deutsche Reich.

Stämme und König

Nach den Teilungen des Reiches Karls des Großen hatten dessen Nachkommen als Könige des ostfränkischen Reiches nur wenig Macht. Mächtig waren vielmehr die *Herzöge*, die Anführer der Stämme – vor allem die Herzöge der Sachsen, der Franken, der Bayern und der Schwaben. Zu Beginn des 10. Jahrhunderts schien es so, als ob das ostfränkische Reich in selbständige Herzogtümer zerfallen würde.

Bald jedoch, nachdem der letzte Nachkomme Karls des Großen im ostfränkischen Reich gestorben war, wählten die Herzöge 919 den mächtigsten Stammesherzog zum neuen König: Heinrich von Sachsen. Ihm und seinem Nachfolger gelang es, alle Stämme zu einigen und eine starke Königsherrschaft aufzubauen. Die vereinigten Stämme begannen, sich als ein Volk zu fühlen. Immer häufiger tauchte für sie das Wort „Deutsche" auf.

So beginnt mit König Heinrich I. im Jahre 919 die eigentliche deutsche Geschichte.

Arbeitsvorschläge

1. Warum ist die Geschichte der Zeit Karls des Großen noch keine „deutsche Geschichte"?
2. Suche die genannten Stammesherzogtümer auf der Karte S. 49 und bezeichne ihre Grenzen!

Der Ausbau des Reiches

Bald dehnte sich das Deutsche Reich weit über die alten Stammesgrenzen aus.

Der Osten

Im Osten schoben Könige und Fürsten die Grenze des Reiches immer weiter vor. Die Gebiete zwischen Elbe/Saale und Oder waren damals mit slawischen Stämmen dünn besiedelt. Sie wurden im Laufe der Jahrhunderte unterworfen. Gleichzeitig erfolgte ihre Bekehrung zum Christentum. Bischofssitze entstanden neu, wobei der bedeutendste in *Magdeburg* war. Mönche bauten ihre Klöster in das neue Land hinein.

Der Süden

Immer wieder zogen die deutschen Könige auch über die Alpen. Sie zwangen das nördliche Italien unter ihre Herrschaft und ließen sich in Rom zum Kaiser krönen.

Die Kaiserkrone

Die Kaiserkrone erhob den deutschen König über alle anderen Könige in Europa. Sie war das Sinnbild des wieder erstandenen römischen Weltreiches, und darum nannte man dieses erneuerte Weltreich später das HEILIGE RÖMISCHE REICH DEUTSCHER NATION. „Heilig" nannte man es, weil es ja nicht mehr das heidnische Reich des Altertums war, sondern ein christliches Reich. Und weil nicht mehr Römer, sondern Deutsche die Herrschaft hatten, sprach man vom „Römischen Reich Deutscher Nation".

So war die Kaiserkrönung mit der alten Hauptstadt Rom verbunden. Rom war aber auch die Hauptstadt der Christenheit, wo der Papst lebte. Er, als Stellvertreter Christi, setzte dem deutschen König am Grabe der Apostel Petrus und Paulus die Krone auf.

Das Deutsche Reich wurde zur stärksten und größten Macht in Europa, zu einer Zeit, in der die übrigen Staaten Europas noch schwach und wenig bedeutend waren: zwischen 919 und 1250.

Die Kaiserkrone

Arbeitsvorschläge

1. Wie ist das Wort „Kaiser" entstanden?
2. Es gibt zwei Gründe dafür, daß die Kaiserkrönung in Rom stattfand. Nenne sie!
3. Wir können Rom als eine der wichtigsten Städte in der Geschichte bezeichnen. Nenne die Gründe! Was ist Rom heute?
4. Vergleiche die Karte S. 49 mit deiner Atlaskarte und stelle fest, welche heutigen Staaten und Gebiete um 1250 zum „Reich" gehörten!

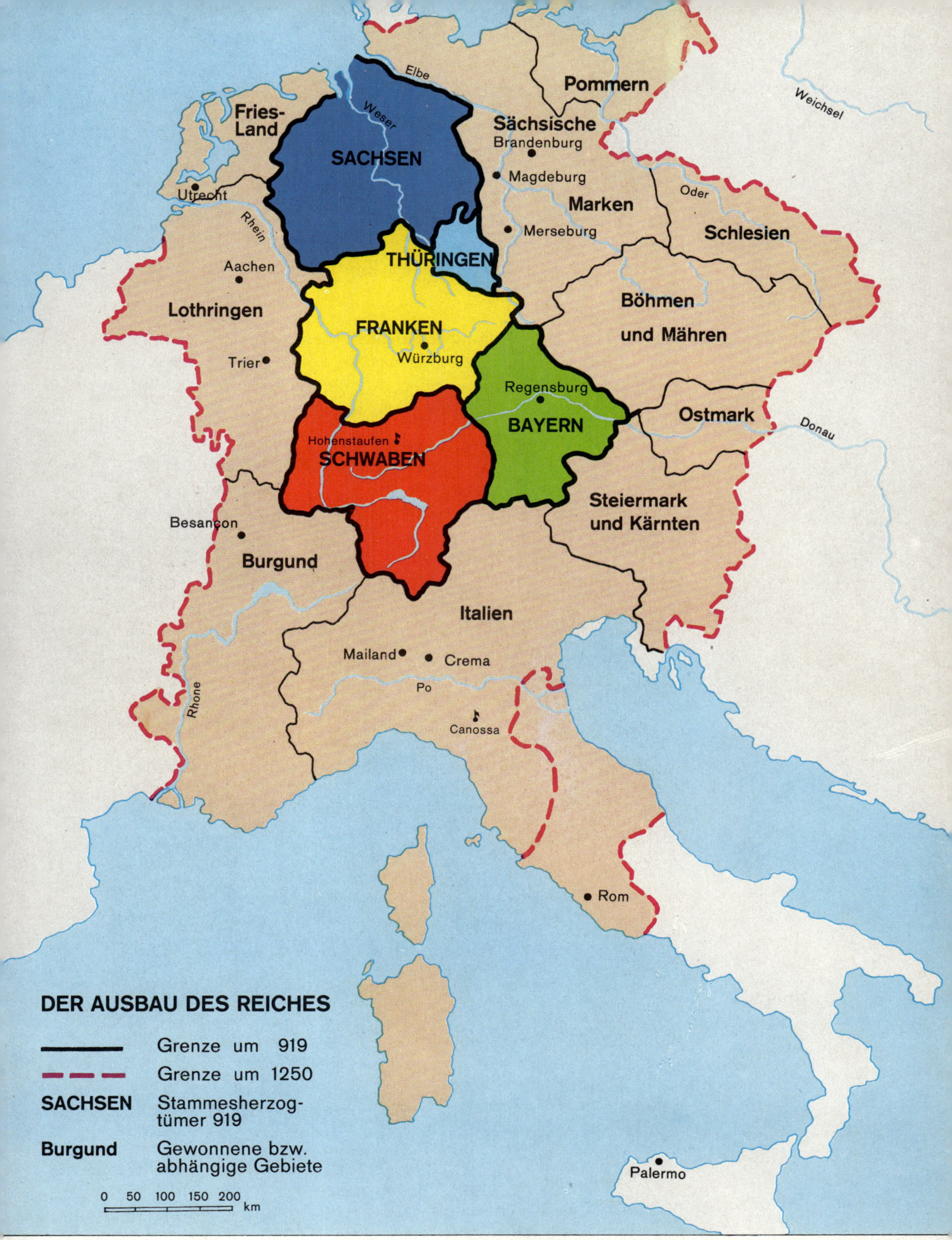
Fries-Land
SACHSEN
Weser
Elbe
Pommern
Sächsische
Brandenburg
Magdeburg
Marken
Merseburg
Weichsel
Oder
Schlesien
Utrecht
Rhein
Aachen
Lothringen
THÜRINGEN
FRANKEN
Würzburg
Trier
Böhmen
und Mähren
Regensburg
BAYERN
Ostmark
Donau
Hohenstaufen
SCHWABEN
Steiermark
und Kärnten
Besançon
Burgund
Italien
Mailand
Crema
Po
Canossa
Rhone
Rom
Palermo
DER AUSBAU DES REICHES
Grenze um 919
Grenze um 1250
SACHSEN Stammesherzogtümer 919
Burgund Gewonnene bzw. abhängige Gebiete
0 50 100 150 200 km

Deutsche Kaiser und Könige

Das Königtum

Du weißt bereits, daß die deutschen Könige aus den mächtigen Stammesherzögen hervorgingen, und du weißt, daß die mittelalterliche Geschichte Deutschlands mit der Wahl eines sächsischen Stammesherzogs begann. Seit 962 war mit diesem *Königtum* zumeist auch der Kaisertitel verbunden: Wie vor ihnen Karl der Große, zogen die Könige nach Rom, wo sie sich vom Papst zum „römischen Kaiser" krönen ließen. So hatten sie unter den übrigen Königen Europas ein besonders hohes Ansehen.

Deutsche Könige und Kaiser

Die Namen einzelner mittelalterlicher Herrscher sind dir schon begegnet, auf den nächsten Seiten werden einige weitere genannt. Die nachfolgende Übersicht über die deutschen Könige und Kaiser bis zur Mitte des 13. Jahrhunderts soll dir helfen, sie einzuordnen.

919–1024 Herrscher aus dem sächsischen Herzogstamm		
	Heinrich I. (*876)	919– 936
	Otto I. (*912)	936– 973
	Otto II. (*955)	973– 983
	Otto III. (*980)	983–1002
	Heinrich II. (*973)	1002–1024
1024–1125 Herrscher aus dem fränkischen Herzogstamm (Salier)		
	Konrad II. (*990)	1024–1039
	Heinrich III. (*1017)	1039–1056
	Heinrich IV. (*1050)	1056–1106
	Heinrich V. (*1081)	1106–1125
	Lothar von Sachsen	1125–1137
1138–1254 Herrscher aus dem schwäbischen Herzogstamm (Staufer)		
	Konrad III. (*1094)	1138–1152
	Friedrich I. Barbarossa (*1122)	1152–1190
	Heinrich VI. (*1165)	1190–1197
Philipp v. Schwaben 1198–1208	[Otto v. Braunschweig	1198–1215]
	Friedrich II. (*1194)	1212–1250
Konrad v. Schwaben 1250–1254	[Wilhelm v. Holland	1247–1256]
1256–1273	Kaiserlose Zeit	

Arbeitsvorschläge

1. Suche auf der Karte die Stammesgebiete der genannten Herrscher! Sprich dazu: Im ... Jahrhundert entstammten die deutschen Herrscher dem Herzogtum ...!
2. Was mag in den Jahren 1198–1215 und 1247–1254 gewesen sein?
3. Vergleiche das Alter der Herrscher bei ihrem Tode mit dem Alter, das Staatsmänner in unserem Jahrhundert erreicht haben!
4. Beachte auch die verschieden langen Regierungszeiten der einzelnen Könige! Was bedeutete wohl eine lange Regierungszeit für das Reich?
5. Stelle fest, wie lange die einzelnen Herrscherhäuser regiert haben! Versuche, es in einer Schemazeichnung darzustellen!

Die Königskrönung in Aachen

Ein Mönch aus dem Kloster Corvey an der Weser, Widukind, hat uns die feierliche Krönung Ottos I. beschrieben. In ähnlicher Weise sind die deutschen Könige auch später in ihr Amt eingeführt worden.

„Zu Aachen, in der Säulenhalle zwischen Königshalle und Pfalzkapelle, erhoben die Herzöge und die Ersten unter den Grafen den neuen Herrscher auf den hier errichteten Thron. Sie reichten ihm die Hand, gelobten dabei Treue und versprachen ihm Beistand gegen alle seine Feinde.

Währenddessen erwarteten ihn der Erzbischof von Mainz mit der gesamten Geistlichkeit und der Menge des Volkes in der Kirche. Als der König nahte, schritt ihm der Erzbischof entgegen und führte ihn in die Mitte des Heiligtums. Hier blieb er stehen, wandte sich dem Volke zu und rief: ‚Seht, ich führe euch Otto zu, den Gott auserwählt, König Heinrich bestimmt und jetzt alle Fürsten zum König erkoren haben. Gefällt euch diese Wahl, so erhebet eure Hände zum Himmel!' Da erhoben alle insgesamt die Hand, und mit lauten Jubelrufen flehte das Volk Glück und Segen auf das Haupt des Herrschers herab.

Der Bischof trat nun zum Altar, nahm das Schwert mit dem Schwertgurt und sprach, zum König gewandt: ‚Empfange dies Schwert, vertreibe damit alle Feinde Christi, Heiden und schlechte Christen, da dir durch göttliche Autorität alle Macht im ganzen Frankenlande gegeben ist, zu dauerndem Frieden aller Christen.' Dann nahm er den Mantel und die Spangen und bekleidete ihn damit, indem er sagte: ‚Dieses Gewand, dessen Zipfel bis auf den Boden reichen, möge dich ermahnen, daß du im Eifer des Glaubens glühen und im Schutz des Friedens verharren sollst bis an dein Ende.' Darauf ergriff er den Stab und das Zepter und sprach: ‚Durch dieses Zeichen gemahnt, halte deine Untertanen in väterlicher Zucht, reiche vor allem den Dienern Gottes, den Witwen und Waisen die Hand des Erbarmens, und niemals möge deinem Haupte das Öl der Barmherzigkeit mangeln.'

Darauf wurde er mit geweihtem Öl gesalbt und mit dem goldenen Reif gekrönt, und als die ganze Weihe der Ordnung nach vollzogen war, führte man ihn auf den Thron, zu dem man auf Stufen emporstieg und der zwischen zwei marmornen Säulen von wunderbarer Schönheit erbaut war, von wo er alle sehen und wo er selbst von allen gesehen werden konnte.

Nach dem feierlichen Meßopfer setzte sich der König an die marmorne, mit königlichem Gerät geschmückte Tafel mit den Bischöfen und allem Volk. Die Herzöge aber warteten ihm auf. Der Lothringer Herzog, in dessen Gebiet Aachen lag, betreute die ganze Feier als Kämmerer; der Frankenherzog besorgte als Truchseß die Tafel, der Herzog von Schwaben beaufsichtigte die Schenken, und Arnulf von Bayern sorgte sich als Marschall um die Ritter, die Wahl und Absteckung des Lagers. Der König aber ehrte nach dieser Feier jeden Fürsten mit kostbaren Geschenken, und alle kehrten froh in ihre Heimat zurück."

(Nach: Widukind von Corvey, Sachsengeschichte, Darmstadt 1971)

Ein Krönungsmantel

Arbeitsvorschläge

1. Wo findet die Krönung statt? Warum wird es gerade dieser Ort gewesen sein?
2. Du kannst dir das Geschehen besser vorstellen, wenn du noch einmal Modell und Abbildung des Handlungsortes vorn in deinem Arbeitsbuch betrachtest!
3. Der Krönungsvorgang ist eine „Kette von Handlungen". Was geschieht zuerst? Betrachte dazu die Abbildung auf S. 70!
4. Wer mag das „Volk" sein, das Otto in der Kirche erwartete? Glaubst du, daß auch Bauern aus der Umgebung von Aachen dazugehörten?
5. Welche einzelnen Vorgänge spielen sich in der Kirche ab?
6. Wer hat nach den Worten des Erzbischofs von Mainz den König ausgewählt, wer hat ihn zum König bestimmt, wer hat ihn „erkoren"?
7. Schwert, Mantel und Zepter sind *Herrschaftszeichen*, Symbole königlicher Macht. Woran sollen sie den König im einzelnen gemahnen?
8. Benenne die beiden Vorgänge der Handlungskette, die sich vor der Besteigung des Throns abspielten!
9. Welche sinnbildliche Bedeutung mag es haben, daß die Stammesherzöge den König an diesem Tage bedienten (ihm „aufwarteten")?
10. Nenne die Herzöge und ihre Ämter im einzelnen und bezeichne ihre Herzogtümer auf der Karte!
11. Wo mögen die Teilnehmer der Krönungsfeier während dieser Tage gewohnt haben?
12. Stelle nun noch einmal zusammen, wer an dem Krönungsvorgang beteiligt war! Versuche, diese Beteiligten in die „Pyramide der Herrschenden" auf S. 71 einzuordnen!
13. Könige und Kaiser wurden immer mit ihren Herrschaftszeichen dargestellt. Stelle alle entsprechenden Bilder aus diesem Arbeitsbuch zusammen und gib die jeweiligen Herrschaftszeichen an!
14. Auch Päpste und Bischöfe hatten Herrschaftszeichen. Informiere dich auf der folgenden Seite!
15. Du kannst erkennen, daß sich der Krönungsvorgang nach einem vorher genau festgelegten Plan vollzog. Welche „feierlichen Amtshandlungen" kennst du aus unserer Gegenwart, die mit dieser Krönung zu vergleichen sind?

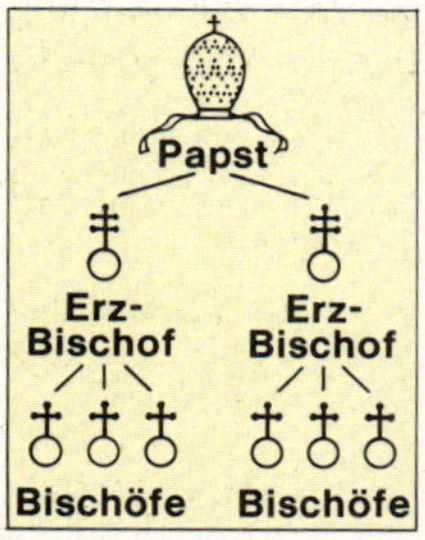

Beschreibe nach der vorstehenden Skizze die Stellung eines Erzbischofs!

Ein Zepter

Das Reichsschwert

Kaisertum und Papsttum im Kampf um die Macht

Arbeitsvorschlag

Fasse zunächst noch einmal zusammen, was du bisher über das frühe Papsttum erfahren hast! Betrachte noch einmal die Karten über die Ausbreitung des Christentums auf S. 32 und über die Einrichtung von Bischofssitzen auf S. 38! Auf S. 39 findest du einen Hinweis auf den Kirchenstaat.

Papst und Kaiser

Seit dem Ende des Römerreichs hatten die Päpste in Rom ihre Vorrangstellung in der europäischen Christenheit ausbauen können. Sie hatten für die Missionierung der noch heidnischen germanischen Stämme und für die Einrichtung von Bischofssitzen im Germanenland gesorgt. Mit dem Kirchenstaat verfügten sie über ein eigenes Herrschaftsgebiet.

Vielfältig waren sie mit den fränkischen und danach mit den deutschen Königen verbunden. Das Recht, den Kaisertitel zu verleihen, stärkte ihre Position in besonderer Weise.

Die Kaiser waren die Schutzherren der Kirche, der Einfluß der Päpste auf ihre Entscheidungen eher gering. Einen Kampf um den Vorrang hatte es bis ins 11. Jahrhundert hinein nicht gegeben, und es schien so zu sein, wie es ein mittelalterlicher Künstler in seinen Bildern festgehalten hat: Kaiser und Papst sitzen einträchtig umarmt auf einem Thron und regieren die Welt. Gott hatte sie ja gleichberechtigt in ihre Ämter berufen. Von ihm hatten sie die Zeichen ihrer Herrschaft empfangen: der Kaiser ein Schwert und ein Zepter, der Papst einen Schlüssel.

Kaiser und Papst, von Gott mit ihren Herrschaftszeichen ausgestattet. Zwei Abbildungen aus dem Sachsenspiegel. Der Sachsenspiegel ist ein „Rechtsbuch", eine Sammlung von Rechtssätzen aus dem sächsischen Raum. Er wurde zwischen 1220 und 1235 von dem Ritter Eike von Repgow verfaßt und wurde das einflußreichste Buch dieser Art im Mittelalter – weit über den sächsischen Raum hinaus.
Eike von Repgow stellte auf jeder Seite dem Text farbige Zeichnungen des beschriebenen Rechtsvorgangs gegenüber. So sollte sich dieser auch dem Benutzer des Buches einprägen, der nicht selbst lesen konnte.

Diese Darstellung an der Bronzetür des Doms zu Gnesen zeigt den Vorgang, um den der *Investiturstreit* entbrannte: das Recht des Kaisers, Bischöfe einzusetzen.
Wiedergegeben ist Otto II., der Krone und Zepter als Herrschaftszeichen trägt (ein drittes Herrschaftszeichen, das Reichsschwert, hält der Schwertträger hinter ihm). Er überreicht einem Adalbert das Zeichen geistlicher Herrschaft, den Krummstab, und *setzt ihn damit als Bischof von Prag ein.*
Die Bischöfe waren im Deutschen Reich die wichtigsten *Lehnsmänner* des Kaisers. Lies dazu bitte bereits einmal auf S. 70 nach!

Der Streit um die Investitur: Canossa 1077

Um die Mitte des 11. Jahrhunderts aber entbrannte ein heftiger Kampf zwischen Papst und Kaiser. Ziel der päpstlichen Seite war es dabei, die Kirche von außerkirchlichen Einflüssen unabhängig zu machen. Besonders ging es um das Recht des Kaisers, Bischöfe einzusetzen.

Diesen Vorgang, einen Bischof in sein geistliches Amt einzusetzen, nennt man *Investitur*. Zur Kraftprobe kam es, als König *Heinrich IV.* 1072 den Erzbischof von Mailand einsetzte, wogegen sich die Mailänder Bürgerschaft wehrte. Papst *Gregor VII.* (mit dem Taufnamen Hildebrand) ergriff ihre Partei. Es war ein Kampf mit den Waffen der Worte.

Aus einem Schreiben Heinrichs IV. an Papst Gregor VII.
(Reichstag zu Worms, Januar 1076)

Heinrich, nicht durch Anmaßung, sondern durch Gottes weise Verordnung König, an Hildebrand, nicht mehr den Papst, sondern den falschen Mönch. Solchen Gruß hast Du verdient zu Deiner Schmach . . .

Du scheutest Dich nicht, Dich auch gegen unsere königliche Gewalt selber, die Gott uns verliehen hat, zu erheben und wagtest, die Drohung auszustoßen, sie uns zu nehmen, wie wenn wir das Reich von Dir empfangen hätten und die Königs- oder Kaiserkrone in Deiner und nicht in Gottes Hand wäre.

Den Thron des heiligen Petrus besteige ein anderer, der nicht Gewalt durch frommes Tun verhülle, sondern die reine Lehre des heiligen Petrus verkünde. Denn ich, Heinrich, von Gottes Gnaden König, und alle meine Bischöfe, wir sprechen zu Dir: Steige herab, steige herab!

Absetzung und Bannung Heinrichs IV. durch Gregor VII. in der Form eines Gebets
(Rom, Februar 1076)

Heiliger Petrus, Fürst der Apostel, höre mich, Deinen Knecht . . .

Mir ist an Deiner Stelle übertragen und von Gott die Macht gegeben, zu binden und zu lösen im Himmel und auf Erden. Zum Schutze Deiner Kirche untersage ich im Namen des allmächtigen Gottes, des Vaters, des Sohnes und des Heiligen Geistes, dem König Heinrich, Kaiser Heinrichs Sohn, der gegen Deine Kirche mit unerhörtem Stolz sich erhoben hat, die Regierung des Deutschen Reiches und Italiens und löse alle Christen von den Banden des Eides, den sie ihm geleistet haben. Und ich verbiete jedem, ihm als einem König zu dienen . . .

Und da er es verschmäht hat, wie ein Christ zu gehorchen, und er sich selbst von Deiner Kirche losreißt, indem er sie zu spalten trachtet, so binde ich ihn an Deiner Stelle mit dem Bande des Fluches.

(Nach: G. Guggenbühl, Quellen zur Allgemeinen Geschichte, Band II, Zürich 1958, S. 121–124)

Etwas Ungeheuerliches war in den Augen der Zeitgenossen geschehen: Ein Papst hattte einen König abgesetzt! Und jetzt fielen auch die Mächtigen um den König, die deutschen Bischöfe und die Herzöge, in großer Zahl von ihm ab. Sie verlangten von Heinrich, daß er sich vom Banne löse, denn sonst würden sie ihn nicht mehr als ihren König betrachten. Nach dem Recht der Kirche mußte Gregor den Bann lösen, wenn Heinrich Buße tat.

Unter diesem Druck zog König Heinrich im Winter 1076/77 mit kleinem Gefolge über die Alpen. In der Burg Canossa (in Oberitalien) trafen beide aufeinander. Nach dreitägiger Bußübung hob Gregor den vor ihm mit ausgebreiteten Armen auf dem Boden liegenden König auf und reichte ihm das Abendmahl. Heinrich war vom Banne gelöst und wieder rechtmäßiger König.

Arbeitsvorschläge

1. Warum hatten die deutschen Könige ein so starkes Interesse daran, Einflußmöglichkeiten auf die Bischofswahlen zu haben?
2. Arbeite die beiden Quellentexte sorgfältig durch!
   a) Was wirft König Heinrich dem Papst vor? Auf wessen Seite standen die deutschen Bischöfe zunächst?
   b) Warum wählt wohl Gregor bei der Absetzung und Bannung die Form eines Gebets? An wen wendet er sich? Welcher Teil seines Gebets stellt die Absetzung, welcher die Bannung (die Ausstoßung aus der christlichen Kirche) dar?
3. Wie ist das Verhältnis von Kaiser und Papst im Bewußtsein der Menschen durch den „Gang nach Canossa“ verändert worden? Betrachte dazu noch einmal die Abbildungen auf S. 53!

Das Wormser Konkordat 1122

Fast fünfzig Jahre dauerte der Streit an. Erst unter Heinrich V. kam es 1122 zu einem Ausgleich. Fortan verzichtete der Kaiser darauf, einen Bischof in sein *geistliches* Amt einzusetzen, so wie es das Bild auf der Vorseite zeigt. Doch durfte er bei der Wahl eines Bischofs anwesend sein und so seinen Einfluß ausüben. Wenn es Streit gab, lag die Entscheidung sogar bei ihm.

Und nach wie vor konnten Bischöfe Lehnsmänner des Kaisers sein: Das Recht, Bischöfen *weltliche* Aufgaben zu übertragen, lag auch weiterhin bei ihm. Weltliche Aufgaben eines Bischofs im Mittelalter aber waren die Ausübung von Regierungsgeschäften und die Durchsetzung seiner Herrschaft über ein Gebiet. Zum ersten Male hatte man zwischen geistlichen und weltlichen Aufgaben unterschieden.

Arbeitsvorschläge

1. Eine vertragliche Vereinbarung zwischen Kirche und Staat nennen wir ein *Konkordat*, und so erhielt dieser in Worms abgeschlossene Vertrag seinen Namen. – Gab es bei dieser Vereinbarung einen Sieger? Begründe deine Auffassung!
2. Der Investiturstreit war Teil einer umfassenden Reformbewegung in der Kirche dieser Zeit. In ihrem Verlauf entstanden auch neue Mönchsorden, z. B. die Zisterzienser. Lies dazu bitte auf S. 88 nach!

Friedrich Barbarossa. Ein Lebensbild

Bronzebüste Kaiser Friedrich Barbarossas. Sie ist etwa 30 cm hoch und vergoldet. Aachener Goldschmiede haben sie zwischen 1150 und 1171 geschaffen.

Orientiere dich zunächst auf S. 50 über Barbarossa (Herrscherhaus, Lebens- und Regierungszeit, Vorgänger und Nachfolger)!

Anders als die unzähligen Namenlosen, mit denen wir es in der Geschichte zumeist zu tun haben, kennen wir Friedrich Barbarossa recht genau. Zeitgenossen wie Otto von Freising, Rahewin und Otto von St. Blasien haben darüber berichtet.

Im Leben Friedrich Barbarossas spiegeln sich die großen Probleme, vor denen die Herrschenden der Zeit, die deutschen Kaiser und Könige des Mittelalters, gestanden haben. Wir haben sie in diesem „Lebensbild" mit Quellen und nach den Quellen zusammengefaßt. Vor allem aber wirst du beim Lesen dieses Lebensbildes erkennen können, welchen Schwierigkeiten ein Kaiser im Mittelalter gegenüberstand, um einen Großraum zu beherrschen – wie ganz anders als heute die politische Ordnung eines Staates war!

Sein Charakter ist derart, daß dessen Lob nichts, nicht einmal der Neid auf seine Herrscherstellung, beeinträchtigen kann. Seine leibliche Gestalt ist wohlgebaut, von Statur ist er kleiner als die Größten und größer als die Mittelgroßen, sein Haar ist blond und oben an der Stirn etwas gekräuselt, die Ohren werden kaum durch darüberfallende Haare verdeckt. Seine Augen sind scharf und durchdringend, die Nase ist schön, der Bart rötlich, die Lippen sind schmal und nicht durch breite Mundwinkel erweitert, und das ganze Antlitz ist fröhlich und heiter . . .

Über seine alltägliche Tätigkeit außerhalb des Hauses ist folgendes zu sagen: Er besucht entweder allein oder mit ganz geringem Gefolge in aller Frühe das gemeinsame Gebet . . .

(Nach: Otto von Freising und Rahewin, Die Taten Friedrichs, [Neuausgabe] Darmstadt 1974)

Wenn er die Jagd ausübt, steht er keinem darin nach, Rosse, Hunde, Falken und ähnliche Vögel abzurichten, zu prüfen und anzuwenden. Auf der Pirsch spannt er selbst den Bogen, nimmt die Pfeile, legt sie auf und schießt sie ab. Bestimme, was er treffen soll; was du bestimmst, trifft er. Beim Gastmahl herrscht folgender Brauch: königliche Fülle, doch so, daß sich weder die Mäßigkeit über Völlerei noch der Hunger über Knausrigkeit beklagen kann. Beim Spielen legt er den königlichen Ernst ein wenig ab.

Die Schriften und die Taten der alten Könige durchforscht er eifrig. Almosen im Dienst der Armen verteilt er meist eigenhändig, ein Zehntel seiner Einnahmen spendet er gläubig Kirchen und Klöstern. In seiner Muttersprache ist er sehr redegewandt, Lateinisch aber kann er besser verstehen als sprechen. Er kleidet sich nach heimischer Weise, nicht verschwenderisch oder herausfordernd, aber auch nicht gewöhnlich.

Zu den Abbildungen dieser Seite:

Ansicht der Burg Hohenstaufen aus dem 16. Jahrhundert. Nach ihr benannte sich das Geschlecht der Staufer. Heute sind nur noch Ruinen erhalten.

Aufenthaltsorte Friedrichs I. im mitteldeutschen Raum, soweit sie aus alten Urkunden und Berichten bekannt sind.

Die Kaiserpfalz Goslar heute. Friedrich I. hielt sich hier mindestens elfmal auf.

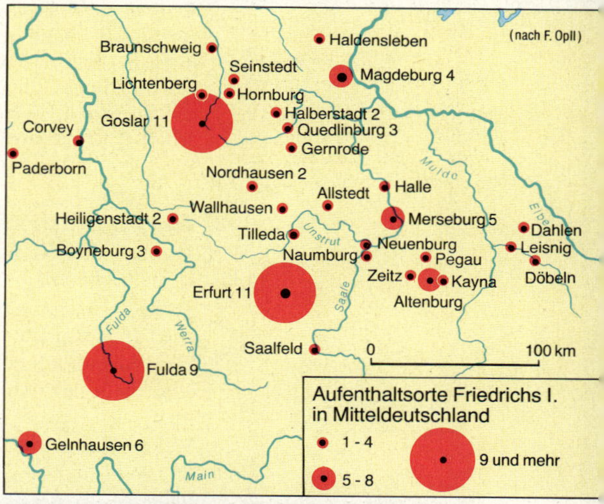

Friedrich I. in Deutschland

Einstimmig waren die Reichsfürsten dem Vorschlag des alten Königs Konrad gefolgt und hatten seinen Neffen, Herzog Friedrich von Schwaben, zum neuen deutschen König gewählt. Anschließend hatten sie ihm den Eid der Treue und Dienstbereitschaft geleistet. Die Krönungsfeier wurde am 9. März 1152 – wie auch die Krönungen der deutschen Könige vor ihm – in der Pfalz Karls des Großen in Aachen nach altem Brauch vollzogen.

Friedrich war zu dieser Zeit dreißig Jahre alt.

Deutschland besaß noch keine Hauptstadt, in der das Oberhaupt des Reiches wohnte und regierte. Wie zur Zeit Karls des Großen ritt der König von Pfalz zu Pfalz. An verschiedenen Orten des Landes waren Reichstage angeordnet worden; hier sollten alle erscheinen, die Klage zu führen hatten. Der König wollte dann jeweils entscheiden und schlichten.

So reiste Friedrich kreuz und quer durch sein Reich und regierte: von Aachen nach Utrecht, vom Reichstag in Merseburg zum Reichstag in Regensburg, von Würzburg nach Trier, von Trier nach Besançon und immer wieder nach Regensburg.

Von Regensburg begab sich Friedrich an den Rhein und feierte das Weihnachtsfest in Worms. Dieses Gebiet nämlich, das der Rhein durchschneidet, ist reich an Getreide und Wein und bietet eine Fülle von jagdbarem Wild und Fischen und kann daher die Fürsten am längsten versorgen.

Zu diesem Hoftage erschien der Erzbischof Arnold von Mainz und der Pfalzgraf Hermann. Nach altem fränkischen und schwäbischen Gewohnheitsrecht wurde ihnen der Prozeß gemacht.
(Otto von Freising)

Ein Hoftag in Worms

Der Erzbischof von Mainz und Graf Hermann von Stahleck waren in Streit geraten und hatten den von Friedrich gebotenen Landfrieden verletzt. Felder waren verwüstet, Dörfer und Städte zerstört und viele Menschen erschlagen worden. Nun rief der König sie vor sein Gericht. Sie wurden als Friedensbrecher bestraft. Das Urteil hieß für beide Parteien: die „Harnescharre".

Barfuß mußte der Graf von seiner Burg aus in bitterer Winterkälte eine Meile weit öffentlich einen Hund am Halse tragen, ebenso zehn Grafen, die seine Mitschuldigen waren. Die niederen Leute, die sich ihm angeschlossen hatten, trugen statt des Hundes einen Sattel oder ein Pflugrad am Halse. Die gleiche Strafe sollte den Kirchenfürsten treffen. Da er aber schon sehr alt und gebrechlich war, erließ der Kaiser ihm schließlich den Schimpf.

Arbeitsvorschläge

1. Vergleiche bitte die Büste Friedrichs mit der Beschreibung, die Zeitgenossen von seiner Person gaben („barba rossa" heißt „roter Bart")!
2. Versuche nach diesem Quellentext mit deinen Worten eine stichwortmäßige Personenbeschreibung zu geben (Charakter, Gestalt und Erscheinung, Frömmigkeit, jagdliche Fähigkeiten, Freizeitbeschäftigung, Verhalten als Gastgeber, geschichtliches Interesse, Spendenbereitschaft, Sprachkenntnisse, Kleidungsgewohnheiten)! – Hätten die Zeitgenossen wohl auch unerfreuliche Eigenschaften aufgeführt?
3. Friedrich ritt durch sein Land. Welche anderen Verkehrsmittel hätte er benutzen können?
4. Warum gab es damals wohl noch keine feste Hauptstadt?
5. Was bedeutete es für den König des Mittelalters, „sein hohes Gewerbe im Umherziehen zu betreiben"?
6. Suche die im Text genannten Reiseziele Friedrichs auf der Karte S. 49! Zu welchen Staaten gehören die genannten Orte heute?
7. Untersuche nach der Karte die Aufenthaltsorte Friedrichs in Mitteldeutschland! Stelle sie in einer Tabelle nach der Häufigkeit seiner Anwesenheit zusammen!
8. Welche dieser Orte sind zu Großstädten geworden, welche klein geblieben?
9. Welche Überlegungen waren für die Reise nach Worms maßgebend? – Bedenke, daß der König mit Gefolge reiste und der Tagesverbrauch bei einem solchen Hoftag etwa aus 5 Kühen, 54 Schweinen und Ferkeln, 14 Gänsen, 71 Hühnern und 216 Eiern bestand; dazu wurden 1000 l Wein und 14 Pfund Wachs verbraucht!
10. Untersuche die Entscheidung auf dem Gerichtstag in Worms! Nach welchem Recht wird geurteilt? Worauf würde sich ein Urteil heute berufen?

Die Kaiserkrönung in Rom

Zwei Jahre lang ritt Friedrich durch sein Land – überall nach dem Rechten sehend. Dann konnte er endlich daran denken, nach Rom zu ziehen, um die Kaiserkrone zu gewinnen. Er rief seine Fürsten und Ritter zum Kriegsdienst auf und zog im Spätsommer 1154 von Augsburg aus über den Brenner. In Rom setzte ihm der Papst in der Peterskirche feierlich die deutsche Kaiserkrone auf. Nun war Friedrich auch der äußeren Form nach „Kaiser des Heiligen Römischen Reiches Deutscher Nation".

Belagerung einer Stadt im Mittelalter

Der Kampf um Italien

Oberitalien unterstand seit Otto I. den deutschen Herrschern. Aber die oberitalienischen Städte waren durch ihren Handel reich und selbstbewußt geworden und weigerten sich, den Kaiser als ihren Herrn anzuerkennen. Fünfmal zog Friedrich über die Alpen, um die Rechte des Kaisers durchzusetzen. Er wollte vor allem durch hohe Steuereinnahmen Anteil an ihrem Reichtum haben; denn Reichtum bedeutete Macht.

Die Belagerung von Crema

Crema, eine kleine oberitalienische Stadt in der Nähe von Mailand, hatte sich in besonderem Maße immer wieder den Befehlen des Kaisers widersetzt, hatte die kaiserlichen Gesandten gewaltsam vertrieben. So schloß sie Friedrich 1159 mit seinem Heer ein. Da starke Mauern und breite Gräben die Stadt umgaben, galt es, sich auf eine lange und harte Belagerungszeit einzustellen.

Die Belagerer bauten einen gewaltigen, beweglichen Holzturm, 70 Fuß hoch und mehr als 30 in der Länge und Breite. Sechs Stockwerke enthielt er, und von der obersten Plattform aus konnte eine Fallbrücke auf die Stadtmauer gelassen werden, um sie zu stürmen. 500 Leute waren erforderlich, um das Ungeheuer zu bewegen.

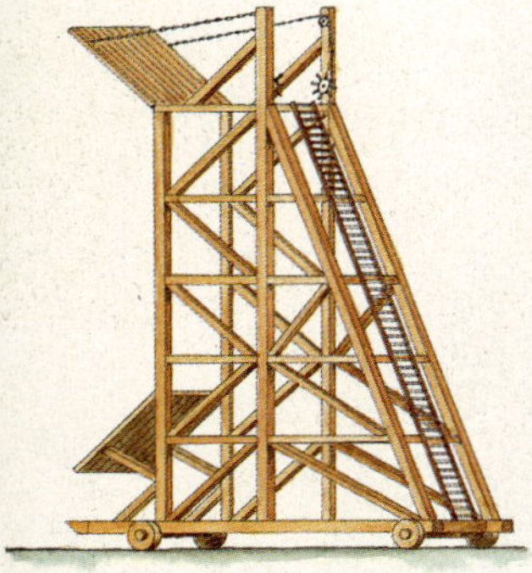

Belagerungsturm

Außer diesem Turm wurden weitere Belagerungsmaschinen gebaut und aufgestellt: Steinschleudern und Mauerbrecher; dazu große und kleine Schutzdächer. 2000 Fuhren Erde, Steine und Holz ließ der Kaiser im Schutze eines solchen Daches an einer Stelle in den Stadtgraben schütten, um ihn aufzufüllen. Hier sollte der große Belagerungsturm an die Mauer herangerückt werden.

Die Einwohner von Crema schleuderten Tag und Nacht mit Wurfmaschinen große Steine und Pechfackeln gegen den Turm. Um ihn zu schützen, griff Friedrich zu einem grausamen Mittel: Er ließ vornehme Bürger der Stadt, die als Gefangene in seiner Hand waren, in Käfigen und Weidenkörben an den Seiten des Turmes aufhängen. So, dachte er, würden die Feinde nicht mehr wagen, seinen Turm zu beschießen.

Aber die Bürger wußten, daß es keine Rettung für sie gab, wenn die kaiserlichen Truppen mit Hilfe des Turmes auf die Mauer gelangten, und setzten die Abwehr fort. Aus Rache für die Grausamkeit des Kaisers hängten sie wiederum gefangene Ritter vor seinen Augen auf der Mauer auf. Gefangene auf beiden Seiten hatte es wiederholt gegeben, wenn die Eingeschlossenen versuchten, den engen Belagerungsring zu sprengen und durch die Stadttore gegen den Feind zu stürmen.

Steinschleuder (Blide)

Über sechs Monate dauerte die Belagerung. Die Bürger von Crema wehrten sich verzweifelt: Sie schleuderten mit Pech oder dürrem Holz gefüllte, brennende Fässer auf das Schutzdach des Kaisers; sie bauten einen unterirdischen Gang bis zum Schutzdach, um es auf diese Weise anzustecken; ja, es gelang ihnen sogar – als der Belagerungsturm schließlich dicht an die Mauer herangeführt wurde – die herabgelassene Fallbrücke durch Steingeschosse völlig zu zerstören, so daß Friedrichs Männer unter schweren Verlusten vorerst von der Erstürmung der Stadt ablassen mußten.

Doch sie konnten sich des Sieges nicht freuen. Der Kaiser hatte neue Bundesgenossen bekommen: Hunger, Ausbruch von Seuchen und Mangel an Frischwasser in der belagerten Stadt, denn alles fließende Wasser hatte Friedrich von Crema ableiten lassen. Zudem waren weiter Belagerungstürme gebaut worden, und unablässig wurden Steine und Pfeile mit größter Treffsicherheit in die Stadt geschleudert. Da sahen die Belagerten keine Rettung mehr und ergaben sich der Gnade und Ungnade des Kaisers.

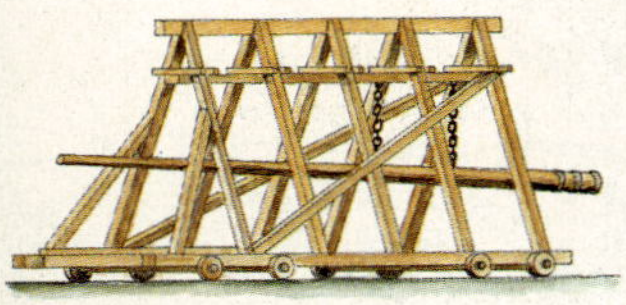

Mauerbrecher

Sie erhielten freien Abzug und durften so viel von ihrer Habe mitnehmen, wie sie auf dem Rücken fortschleppen konnten. Keuchend unter ihrer Last strömten Männer, Frauen und Kinder in einem traurigen Zuge aus der Stadt. Dann stürzten die siegreichen Krieger zur Plünderung in die verlassenen Straßen und Häuser. Bald flammten die ersten Brände auf, die schließlich ganz Crema zerstörten. Die Mauern wurden abgetragen, die Gräben zugeschüttet – eine Stadt war ausgelöscht.

Arbeitsvorschläge

1. Nenne die Beweggründe, die die deutschen Kaiser und Könige des Mittelalters immer wieder nach Italien führten!
2. Die ausführliche Darstellung der Belagerung von Crema soll dir zeigen, daß Kriege schon immer grausam waren. Wodurch haben Frauen und Kinder gelitten?

Der Konflikt mit Heinrich dem Löwen

Im Zusammenhang mit Italien entwickelte sich eine der schwersten Auseinandersetzungen in der Geschichte des mittelalterlichen Reiches: der Konflikt zwischen Friedrich Barbarossa und *Heinrich dem Löwen.*

Zu diesen Kriegszügen konnte der König die Fürsten des Reiches um Unterstützung bitten. Sie hatten – so war die Vorstellung damals – ihr Amt und ihr Land von ihm nur *geliehen* (als *„Lehen"*, vgl. S. 70). Dafür waren sie verpflichtet, dem König Hilfe zu leisten. Wurden die Fürsten dem König untreu, so durfte dieser das Amt und das Land zurücknehmen.

Burg Dankwarderode in Braunschweig, zusammen mit dem Dom (rechts vom Burgplatz) um 1170 unter Heinrich dem Löwen erbaut. In der Mitte des Platzes steht die Figur eines großen Bronzelöwen.

Der mächtigste Fürst im Reich war der Vetter des Kaisers, der Welfenherzog Heinrich (1127–1195), den man nach seinem Wappentier *den Löwen* nannte. Er besaß zwei Herzogtümer: Sachsen und Bayern. Unablässig war er bemüht, seine Macht als Landesfürst zu vergrößern.

Ostwärts seines angestammten Herzogtums Sachsen unterwarf er mit seinen Rittern die Slawenstämme, die hier wohnten. Er zog deutsche Siedler in die neu gewonnenen sächsischen Marken (vgl. Karte S. 49), gründete Dörfer und Städte, baute immer neue Burgen und Herrschaftssitze. *So dehnte er die Grenzen seines Machtbereichs weit nach Osten aus.*

Auf dem fünften Italienzug (1174–1178) suchte Friedrich I. seine Hilfe:

Der Kaiser sandte dringende Boten nach Deutschland, um das Heer zu verstärken, und vor allem an seinen Vetter Heinrich, den Herzog von Sachsen und Bayern, um ihn zu einer Aussprache in Chiavenna zu laden. Er kam ihm hierhin entgegen und bat ihn dringender, als es der kaiserlichen Majestät ansteht, dem Reiche in seiner gefährlichen Lage zu Hilfe zu kommen. Man sagt sogar, er habe sich ihm zu Füßen geworfen.

Aber Herzog Heinrich, der allein die Macht und die Mittel besaß, damals dem Reiche einen wirklichen Dienst zu leisten, forderte dafür Goslar, die reichste Stadt in ganz Sachsen, zum Lehen. Der Kaiser aber hielt es für eine Schande, sich gegen seinen Willen um ein solches Lehen erpressen zu lassen, und stimmte nicht zu, worauf Heinrich ihn in hellem Zorn in der Gefahr verließ und heimkehrte. *(Otto von St. Blasien)*

Bild oben: Heinrich der Löwe (Grabplatte im Braunschweiger Dom)

Bild unten: Kaiser Friedrich I. Barbarossa als Kreuzfahrer in einer zeitgenössischen Darstellung. Er trägt das rote Zeichen des Kreuzes.

Die Auseinandersetzung von Chiavenna wurde zum Bruch zwischen dem Kaiser und Herzog Heinrich. Der Kaiser stellte sich hinfort bei Streitigkeiten im Reich nicht mehr schützend vor seinen Vetter. Verschiedene Klagen sächsischer Fürsten über kriegerische Einfälle des Herzogs nahm er zum Anlaß, ihn vorzuladen. Als Heinrich der Löwe trotz mehrfacher Aufforderung nicht erschien, sprach Barbarossa das Urteil über ihn. Auf dem Reichstag in Gelnhausen (1180) wurde er des Ungehorsams gegen Kaiser und Reich und des Landfriedensbruches für schuldig befunden. Alle ihm übertragenen Lehen – vor allem Sachsen und Bayern – wurden vom Kaiser zurückgenommen und sollten neu verteilt werden. Heinrich selbst wurde zum Feind des Reiches erklärt. Die *Reichsacht* wurde über ihn verhängt. Damit waren alle Getreuen des Kaisers aufgefordert, ihn zu bekriegen. Er war geächtet, rechtlos, vogelfrei.

Von allen Seiten rückten seine Gegner in Sachsen ein, seine Lehnsmannen fielen von ihm ab. Da warf er sich schließlich dem Kaiser zu Füßen. Aber es war zu spät. Sein großes Land wurde aufgeteilt, er behielt nur ein kleines Gebiet um Braunschweig. Heinrich der Löwe selbst wurde verbannt und mußte für einige Jahre Deutschland verlassen.

Die Aufteilung des großen welfischen Besitzes wirkt bis in unsere Gegenwart nach: Westfalen erhielt der Erzbischof von Köln – es wurde damit, ein altsächsisches Stammesgebiet, dem Rheinland angegliedert. Bayern wurde dem Geschlecht der Wittelsbacher übertragen, diese haben hier bis 1918 regiert.

Arbeitsvorschläge

1. Warum war der Löwe (und auch der Adler) wohl ein beliebtes Wappentier?
2. Verkörperte Barbarossa eine „starke Reichsgewalt"? Begründe bitte!
3. Informiere dich auf den Folgeseiten schon einmal über die Geschichte der Kreuzzüge!

Barbarossas Tod

Der Kaiser hielt einen Hoftag in Mainz. Es war das Jahr 1188. Da erschienen Boten aus Rom und überbrachten den Aufruf des Papstes zum Kreuzzug in das Heilige Land.

Mit vielen anderen folgte auch Barbarossa dem neuen Aufruf des Papstes und „nahm das Kreuz": ein rotes Stoffkreuz, das ihm der Bischof Gottfried von Würzburg an sein Gewand heftete. Von Regensburg aus zog er 1189 mit einem großen Heer die Donau abwärts und dann durch das oströmische Reich nach Kleinasien, der heutigen Türkei. Am 11. Juni 1190 ertrank er bei einem Bad im Fluß Saleph.

Ein Teil seines Kreuzfahrerheeres erreichte zwar nach seinem Tod das Heilige Land, doch die Kämpfe blieben ohne Erfolg.

Noch heute steht dieses Schloß Friedrichs II., Castel del Monte, einsam in der Landschaft Unteritaliens. Es ist ein merkwürdiger Bau: ein regelmäßiges Achteck, dessen Ecken mit Türmen bewehrt sind. Nur wenige Fenster öffnen den Blick nach draußen.

Bild unten: Münzbildnis Friedrichs II.

Die Zeit nach Barbarossa

Barbarossas zweiter Sohn, Heinrich, hatte für den abwesenden Kaiser die Regierung übernommen und wurde auch sein Nachfolger. Er war mit der Tochter des letzten Normannenkönigs in Sizilien verheiratet; so gehörten außer Deutschland, Oberitalien und Burgund auch Unteritalien und Sizilien zum Reich. Aber sieben Jahre nach Barbarossas Tod schon starb auch Heinrich an einem plötzlichen Fieber, erst 32 Jahre alt.

Die deutschen Fürsten waren uneins in ihrer Wahl des Nachfolgers. Es gab auf einmal zwei Herrscher in Deutschland, die einander grimmig befehdeten. Schließlich bestieg ein Enkel Barbarossas, Heinrichs Sohn *Friedrich II.*, den Thron (1212). Er herrschte bis 1250, regierte aber zumeist von Sizilien aus. In dieser Zeit wurden die deutschen Fürsten immer mächtiger. So zerfiel in den folgenden Jahrzehnten das Reich in viele einzelne Herrschaftsgebiete.

Arbeitsvorschläge

1. Erkläre die Umschrift auf dem Münzbildnis Friedrichs II. nach dem Text auf S. 40 (ROM steht für Romanorum [lateinisch: ... der Römer])! Welches Reich ist also noch immer Vorbild?
2. Präge dir die Regierungszeit Barbarossas als Orientierungshilfe ein: 1152–1190!

Die Kreuzzüge

Der Aufruf des Papstes

Betrachte bitte noch einmal die Karte auf S. 31! Du erkennst, daß auch Palästina mit Jerusalem von den Arabern in Besitz genommen worden war: das „Heilige Land" der europäischen Christenheit. So sehr die Araber zunächst „mit Feuer und Schwert" für die Ausbreitung ihres Glaubens gesorgt hatten, in den folgenden Jahrhunderten hatten sie den Christen stets erlaubt, zu ihren heiligen Stätten zu pilgern. Doch als um 1090 die mohammedanischen Seldschuken Palästina eroberten, wurden Pilgerfahrten verhindert.

Im Jahre 1095 rief Papst Urban II. zu einem Krieg gegen die „Ungläubigen", die „Heiden", auf.

Arbeitsvorschlag

Lies den nachfolgenden Aufruf des Papstes sorgfältig! Prüfe: An wen wendet er sich vor allem? Wer soll sich am Kreuzzug nicht beteiligen? Um welche „heilige Stätte" geht es in erster Linie? Was verspricht der Papst den Kreuzfahrern? Welche Bezeichnungen gebraucht er für die Seldschuken?

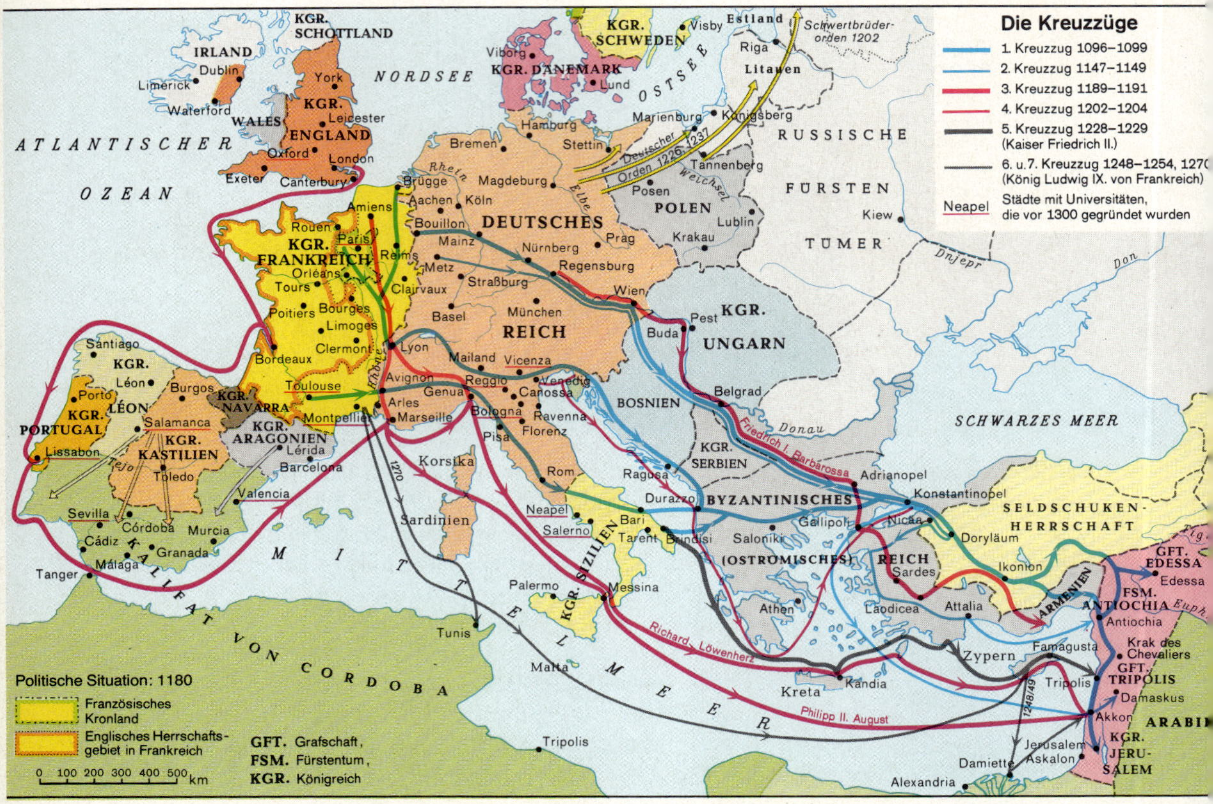

„Von Jerusalem und Konstantinopel kommt schlimme Nachricht zu uns. Die Seldschuken, ein fremdländisches und gottloses Volk, ist in das Land der Christen eingedrungen und hat es mit dem Schwert, durch Plünderungen und Brandstiftungen verwüstet. Besonders das Schicksal des heiligen Grabes muß euch zu Herzen gehen. Es ist in der Gewalt jenes sündhaften Volkes ebenso wie die heiligen Stätten, die von jenen Unreinen geschändet und besudelt werden.

Unerschrockene Ritter, Nachkommen unbesiegter Vorfahren, gedenkt der Tapferkeit eurer Väter. Besitz hält euch nicht, denn das Land, das ihr bewohnt, ist überall von Meer und Bergen umgeben und zu eng für eure große Zahl. Es hat keinen Überfluß an Reichtümern und nährt kaum jene, die es bearbeiten. Aus diesem Grunde streitet ihr euch, führt Kriege gegeneinander und bringt euch gegenseitig um. Hört auf, euch zu hassen und zu bekriegen. Geht hin zum heiligen Grabe, nehmt das Land den verruchten Heiden ab und macht es zu eurem eigenen – jenes Land, von dem die Schrift sagt, daß Milch und Honig dort fließt. Beschreitet den Weg, der zur Vergebung eurer Sünden führt, des unvergänglichen himmlischen Ruhmes seid ihr gewiß. Wir warnen aber davor, daß Greise, Schwache und des Waffengebrauchs Unkundige die Reise antreten."

(Robert von Reims, nach: Fragen an die Geschichte 2, Frankfurt 1975, S. 58–59)

Die Kreuzfahrer

Viele tausend Menschen aus europäischen Staaten machten sich auf den Weg, Bischöfe und Herzöge, Grafen und Ritter, aber auch einfache Männer, Frauen und Kinder. Die meisten von ihnen überstanden den Marsch nicht: über steile, dürre Gebirge, unter einer sengenden Sonne, durch reißende Flüsse, in denen Menschen und Pferde ertranken. Hinzu kam die fehlende Versorgung, kamen Hunger, Durst und unbekannte Krankheiten. Allein ein Ritterheer erreichte 1099 Jerusalem.

Zwei Berichte über die Eroberung Jerusalems durch die Kreuzfahrer (1099)

Herzog Gottfried, der erlauchte und herrliche Mann, drang vor allen anderen in die Stadt und ermahnte die übrigen, ihm nachzufolgen . . .

Wie die Feinde sahen, daß die Unsern die Mauern besetzt hatten und daß der Herzog bereits mit seinem Heere in die Stadt eingebrochen war, flüchteten sie von den Türmen und Mauern nach den Engpässen der Straßen. Sofort durchzogen der Herzog und die, welche mit ihm waren, in geschlossenen Reihen, mit gezückten Schwertern und mit Schilden und Helmen bedeckt, die Straßen und Plätze der Stadt. Sie streckten alle Feinde, die sie finden konnten, ohne auf Alter und Rang Rücksicht zu nehmen, mit der Schärfe des Schwertes nieder. Und es lagen überall so viele Erschlagene und solche Haufen abgeschlagener Köpfe umher, daß man keinen anderen Weg oder Durchgang mehr finden konnte als über Leichen . . .

Es war dies ein gerechtes Urteil Gottes, daß die, welche das Heiligtum des Herrn mit ihren abergläubischen Gebräuchen entweiht und dem gläubigen Volk entzogen hatten, es mit ihrem Blute reinigen und den Frevel mit ihrem Tode sühnen mußten.

Die Franken wandten sich also gegen Jerusalem, nachdem sie Akkon erfolglos belagert hatten, und hielten es nach ihrer Ankunft mehr als vierzig Tage lang eingeschlossen. Sie errichteten zwei Türme, aber die Muslime verbrannten einen davon und töteten alle, die in ihm waren. Kaum hatten sie ihn verbrannt, als ein Bote mit einem Hilferuf kam: die Stadt sei von der anderen Seite her genommen. Die Franken nahmen sie tatsächlich von der Nordseite . . .

Die Einwohner wurden ans Schwert geliefert, und die Franken blieben eine Woche in der Stadt, während derer sie die Einwohner mordeten. Eine Gruppe von diesen suchte Schutz in Davids Bethaus, verschanzte sich dort und leistete einige Tage Widerstand. Nachdem die Franken ihnen das Leben zugesichert hatten, ergaben sie sich; die Franken hielten den Vertrag, und sie zogen des Nachts in Richtung Askalon und setzten sich dort fest.

. . . Aus dem Felsendom raubten die Franken mehr als vierzig Silberleuchter . . . und mehr als zwanzig goldene, und andere unermeßliche Beute.

(Nach: Wilhelm von Tyrus, Kreuzzugsgeschichte [linker Text] und Ibn al-Atir, Weltgeschichte [rechter Text])

Arbeitsvorschlag

Mache dir ganz klar, was im Jahre 1099 in Jerusalem geschehen ist! Wie ist das Verhalten der Kreuzfahrer zu beurteilen?
Der gleiche Vorgang wird hier von einem Christen und einem Araber geschildert. Worin stimmen sie überein? Welche deutlichen Unterschiede empfindest du?
Zur „Belagerungstechnik“ der Kreuzfahrer vgl. S. 59! Alle Europäer wurden von den Arabern als „Franken“ bezeichnet.

Die Kreuzfahrerstaaten

Fürstliche Kreuzfahrer errichteten eigene Herrschaftsbereiche, *Kreuzfahrerstaaten,* im „Heiligen Land“. Sie wurden von den Mohammedanern zurückerobert. Neue Kreuzfahrer versuchten ihr Glück. So brachen im Laufe des 12. und 13. Jahrhunderts immer wieder Menschen aus den Staaten Europas zu Kreuzzügen auf, unter ihnen Kaiser und Könige. Immer mehr wurden die Kreuzzüge aber auch zu Eroberungszügen, in denen es um Macht und Reichtum ging.

Wir merken uns

Mit der Wahl Heinrichs I. zum König beginnt 919 die deutsche Geschichte. Unter seinen Königen und Kaisern nahm das Deutsche Reich bis ins 13. Jahrhundert eine führende Stellung gegenüber den übrigen Staaten Europas ein. Einer der bedeutendsten Herrscher war Friedrich I. Barbarossa (1152–1190).

Nachdem die mohammedanischen Seldschuken das „Heilige Land“ erobert hatten, wurden im 11.–13. Jahrhundert immer wieder Kreuzzüge unternommen. Sie waren ohne bleibenden Erfolg.

Das Nachleben der Staufer

Die Sage von der Wiederkehr Barbarossas

Aus dem Tal der Goldenen Aue im südlichen Harzvorland ragt der Bergrücken des *Kyffhäusers* unübersehbar heraus. Wer sich ihm nähert, erkennt sehr bald einen wuchtigen, hohen Turm, der zum Kyffhäuser-Denkmal gehört. Was hat dieses mit den Staufern zu tun?

Nach dem Tode Barbarossas zerfiel, wie du erfahren hast, das Reich in viele einzelne Herrschaftsgebiete. Sicherheit und Ordnung gingen mehr und mehr verloren. In diesen Jahrhunderten wurden die Staufer für das deutsche Volk zur Verkörperung der Zusammengehörigkeit und eines einigen, sicheren Reiches. Mit Kaiser Barbarossa verband sich schließlich die Sage, daß er gar nicht ertrunken wäre, sondern in einer der Höhlen des Kyffhäusers schliefe. Eines Tages werde er wiederkehren und erneut ein einiges deutsches Reich aufbauen.

Im 19. Jahrhundert nahmen sich auch die Dichter und Künstler dieser Sage an. Am bekanntesten wurde das Barbarossa-Gedicht von *Friedrich Rückert* aus dem Jahr 1817.

Dieses Gedicht haben die meisten unserer Vorfahren einmal auswendig gelernt. Wie empfindest du es heute?

Barbarossa

Der alte Barbarossa,
Der Kaiser Friederich,
Im unterird'schen Schlosse
Hält er verzaubert sich.

Er ist niemals gestorben,
Er lebt darin noch jetzt;
Er hat im Schloß verborgen
Zum Schlaf sich hingesetzt.

Er hat hinabgenommen
Des Reiches Herrlichkeit
Und wird einst wiederkommen
Mit ihr zu seiner Zeit.

Der Stuhl ist elfenbeinern,
Darauf der Kaiser sitzt;
Der Tisch ist marmelsteinern,
Worauf sein Haupt er stützt.

Sein Bart ist nicht von Flachse,
Er ist von Feuersglut,
Ist durch den Tisch gewachsen,
Worauf sein Haupt ausruht.

Er nickt als wie im Traume,
Sein Aug halb offen zwinkt,
Und je nach langem Raume
Er einem Knaben winkt.

Er spricht im Schlaf zum Knaben:
Geh hin vors Schloß, o Zwerg,
Und sieh, ob noch die Raben
Herfliegen um den Berg.

Und wenn die alten Raben
Noch fliegen immerdar,
So muß ich auch noch schlafen
Verzaubert hundert Jahr.

Das Kyffhäuser-Denkmal

Im Jahr 1871 entstand dann wieder ein deutsches Kaiserreich: ein „Reich der Fürsten" unter Preußens Führung. Das neue Kaiserhaus war das der *Hohenzollern* in Berlin, erster Kaiser Wilhelm I. (1797–1888). Mit diesem Ereignis wurde jetzt die alte Barbarossa-Sage verbunden. Wilhelm I. erschien als „die herrlichste Erfüllung der Kaisersage". Reden und Festspiele feierten „das Erwachen Barbarossas", der seine Krone dem neuen Kaiser übergibt. – So entstand auch das Denkmal auf dem Kyffhäuser.

Das Barbarossa-Denkmal wurde 1890–96 durch Spenden der Mitglieder deutscher Kriegervereine errichtet. Es steht auf einem Sockel von mehreren Terrassen. Der Turm des Denkmals ist 57 m hoch. An seinem Unterbau findet sich eine überlebensgroße Steinfigur des erwachenden Kaisers Barbarossa. Genau darüber aber erhebt sich das Reiterstandbild Kaiser Wilhelms, fast 10 m hoch und in Kupfer getrieben. Welche Vorstellungen sollte der Betrachter wohl dadurch gewinnen? Seit seiner Errichtung ist das Denkmal von unzähligen Menschen besucht worden, zu denen auch der Absender dieser Postkarte aus dem Jahr 1899 gehörte.

Im Turminneren wurde 1969 ein Bronzerelief aufgestellt. Es enthält den Text der damaligen Nationalhymne der DDR, darunter die Worte: „Laß uns dir zum Guten dienen, Deutschland, einig Vaterland."

3 Lebensformen und Gesellschaftsordnung im Mittelalter

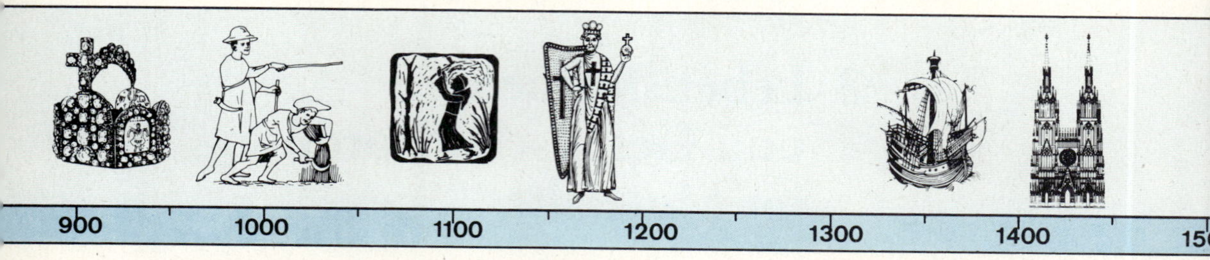

Das Lehnswesen im Mittelalter

Der Kaiser, die Fürsten und Ritter

Für die Ordnung der Gesellschaft und Herrschaft im Mittelalter war ein System bestimmend, das wir das *Lehnswesen* nennen.

An ihrer Spitze stand, wie wir es bereits gesehen haben, der *König* oder *Kaiser*. Er war der höchste Richter. Er erließ die Gesetze. Er hatte zu entscheiden, ob Frieden oder Krieg sein sollte.

Aber der König konnte das Land nicht allein regieren und verwalten, er brauchte Helfer. Das waren die „weltlichen" und die „geistlichen" Fürsten: die *Herzöge* und *Bischöfe*. Damals war Geld noch wenig gebräuchlich. Deshalb bezahlte der König seine Helfer, indem er ihnen Land mit Dörfern und Bauern übertrug. Aber sie bekamen das Land nicht geschenkt, sondern nur für ihre Dienste geliehen. Man nannte dieses Land darum *Lehen*.

Doch auch die Herzöge und Bischöfe brauchten wieder Helfer. Deshalb machten sie es wie der König und gaben Teile des ihnen verliehenen Landes samt Dörfern und Bauern wiederum an Gefolgsleute weiter. Das war der niedere Adel: die Grafen und später auch die *Ritter*.

So bildete sich eine Art Pyramide der Herrschenden, eine „Lehnspyramide". Ganz oben stand der König, darunter die Fürsten, darunter die Ritter. Sie alle verwalteten das Land und leisteten Kriegsdienste.

Von den Lebensformen der Herrschenden berichtet unser Kapitel „Adel und Rittertum".

Ein mittelalterlicher Künstler hat dargestellt, wie Fürsten ihrem König Treue und Dienstbereitschaft schwören. Kniend legt einer nach dem anderen seine Hände zwischen die des Königs. Dabei leistet er den Treueid:
„Deine Feinde sind meine Feinde,
deine Freunde sind meine Freunde,
ich will dir allezeit treu, hold und gewärtig sein."
Treue und Dienstbereitschaft – das sind die Gegenleistungen für ein vom König übertragenes Leben!

◁ *Das Bild zeigt die „Gesellschaft des Mittelalters" in einer sorgfältigen Abstufung: Papst und Kaiser erhöht in der Mitte, Bischöfe und Fürsten zu ihren Seiten, im Vordergrund Priester und Mönche, Bürgerinnen und Bürger. – Es entstand um 1365 in Florenz.*

Die Lehnspyramide – und ihre Grundlage.

Versuche bitte, dir ganz klar zu machen, was diese „Pyramide der Herrschenden" im mittelalterlichen Staat bedeutete! Wie entlohnte ein König seine Bischöfe und Herzöge, wie entlohnten diese wiederum ihre Gefolgsleute? Welche Dienste hatten sie dafür zu entrichten?

Das Volk im Mittelalter

Unter der kleinen Schicht der Mächtigen, die regierten und Kriege führten, stand die große Masse der Menschen im Mittelalter.

Die Bauern

Dies waren einmal die *Bauern* als Träger der Lehnspyramide. Die meisten Menschen im Mittelalter waren Bauern. Sie lebten in ihren kleinen Dörfern zumeist in der Abhängigkeit von den Lehnsherren und mußten für deren „standesgemäßes" Leben sorgen.

Von ihrem harten Dasein berichtet unser Kapitel „Die Bauern".

Die Mönche

Eine kleine, aber wichtige Gruppe bildeten die *Mönche*. In ihren Klöstern leisteten sie Großartiges für die Kunst und für die Kultur. Aber sie arbeiteten auch auf dem Land und machten es urbar.

Von ihrem Wirken berichtet unser Kapitel „Die Mönche".

Die Bürger

Im Laufe des Mittelalters bildete sich mit den Städten in Europa ein weiterer Stand: die Stadtbewohner oder „*Bürger*". Sie waren zumeist Handwerker oder Kaufleute.

Von ihrer Tätigkeit berichtet unser Kapitel „Die Bürger".

Arbeitsvorschlag

Versuche bitte, Unterschiede zwischen der mittelalterlichen und unserer heutigen Gesellschaft zu bezeichnen! Überlege z. B.: Sind heute noch die meisten Menschen Bauern? Welche Aufgaben nehmen Bischöfe heute wahr? Wer leistet heute Kriegsdienste? Wer bezahlt dafür? Wer bezahlt Verwaltungsbeamte? Was gibt es heute für „Abhängigkeiten"?

Adel und Rittertum

Ritter und Burgen

Der Ritterstand

In den Kriegen des Mittelalters waren die Ritter als ein besonderer Stand – unter dem der Könige und Fürsten – aufgestiegen. Ursprünglich hatten sie ihrem Herrn nur als Reiterkrieger im Kampf gedient. Als Entgelt für ihre Dienste war ihnen ein Lehen übertragen worden, und nun herrschten sie auch über die Bauern in ihrem Burgbezirk. Im Laufe des Mittelalters wurden die Lehen ihr erbliches Eigentum.

Die Ritter wurden sich ihrer Bedeutung schnell bewußt. Sie schufen sich Regeln und Gesetze, die sie streng einhielten. So kapselten sie sich nach unten ab. Nur wer von ritterlichen Eltern abstammte, konnte in den „Ritterstand" aufgenommen werden.

Rittererziehung und Ritterleben

Ein Rittersohn kam schon mit sieben Jahren auf eine fremde Burg, wo er „höfisches Benehmen" lernte. Dazu gehörte auch, wie er sich beim Essen betragen sollte:

1. Kein Edelmann soll mit einem andern zusammen von einem Löffel essen.
2. Beim Essen rülpst man nicht und schneuzt sich auch nicht in das Tischtuch.
3. Wer mit dem Löffel seine Speisen nicht aufnehmen kann, der schiebe sie nicht mit den Fingern darauf.
4. Auch ziemt es nicht, sich während des Essens über die Schüssel zu legen und dabei wie ein Schwein zu schnaufen und zu schmatzen.
5. Beim Essen kratzt man nicht mit bloßer Hand, wenn es etwa an der Kehle juckt. Kann man es aber nicht vermeiden, so kratzt man besser mit seinem Gewand.
6. Es ist bäuerliche Sitte, mit angebissenem Brot wieder in die Schüssel einzutunken.
7. Auch den Knochen, den man abgenagt hat, legt man nicht in die Schüssel zurück.
8. Wer gerade Essen im Mund hat, der trinke nicht wie ein Vieh.
9. Man stochere nicht mit dem Messer in den Zähnen herum.
10. Man soll auch nicht gleichzeitig reden und essen wollen.

(Nach: „Des Tanhausers Hofzucht")

Dazu lernte das „Jungherrlein" Reiten und Jagen. Wenn der Junge 12 Jahre alt geworden war, nahm ihn ein Waffenmeister in die Lehre. Bei ihm lernte er, mit Schwert, Schild und Speer umzugehen und hoch zu Roß zu kämpfen. Er wurde jetzt „Knappe" genannt und durfte den Burgherrn zum Turnier – dem ritterlichen Kampfspiel – begleiten.

Mit etwa 20 Jahren wurde er dann in den Ritterstand aufgenommen. Das geschah durch die „Schwertleite".

„So kamen sie zum Dom, hörten die Messe und empfingen den Segen. Marke trat dann zu seinem Neffen Tristan, gürtete ihn mit dem Schwert, legte ihm die Sporen an und sprach: ‚Sieh, Neffe, nun ist dein Schwert gesegnet, und du bist Ritter geworden. Nun denke an ritterliche Ehre und an das, was du bist: Deine Geburt und dein Adel seien dir vor Augen, sei demütig und ohne Falsch, wahrhaft und wohlerzogen, sei gütig gegen die Armen und hochgesinnt gegen die Reichen. Halte dich schmuck und würdig. Ehre alle Frauen. Sei freigebig und getreu, denn nicht Gold und Zobelpelz zieren Speer und Schild so wie Treue und Freigebigkeit.' Hiermit bot er ihm den Schild dar, küßte Tristan und sprach: ‚Nun Glück auf, Neffe! Möge dir die Kraft Gottes Heil zu deiner Ritterschaft geben!'"

(Gottfried von Straßburg, Tristan)

Das Turnier

Nach der Schwertleite durfte der junge Ritter zum ersten Male selbst an einem Turnier teilnehmen. Ein Feld oder ein großer Platz wurde durch Schranken abgesteckt, Handwerker zimmerten Tribünen für die vornehmen Zuschauer. Dann zogen die Streiter auf ihren Pferden in die Schranken – prächtig anzusehen in ihren bunten Wappenkleidern über glänzenden Panzerhemden und Eisenhosen, mit wehendem Helmbusch und bemaltem Schild.

Ritterliches Kampfspiel

Ein Herold verlas die Turniergesetze. Die Pferde, mit lang herabhängenden Decken geschmückt, stampften ungeduldig. Das Eisengeklirr der Waffen und Rüstungen unterbrach die gespannte Stille. Jetzt rief ein zweiter Herold die Namen der Kämpfer auf. Sorgfältig setzten sich die Reiter im Sattel fest.

Auf ein Zeichen stürmten sie gegeneinander, die Lanze auf den Gegner gerichtet. Jeder versuchte, den andern aus dem Sattel zu heben. Krachend zersplitterten die Lanzen beim Aufprall auf den gegnerischen Schild. Die Knappen reichten neue herauf. Je mehr Gegner ein Ritter „werfen" konnte, desto höher stieg sein Ruhm. Aus der Hand einer vornehmen Dame erhielt er den Siegespreis: eine kostbare Kette vielleicht, einen goldenen Ring oder einen Kranz.

Diese Spiele waren nicht nur höfischer Zeitvertreib, sondern auch „Übung für den Ernstfall". Nicht selten gab es dabei Verwundete oder gar auch tödliche Unfälle.

Die Ritterdichtung

Hochmütig sah der Ritter auf den Bauern herab, der sich in schwerer körperlicher Arbeit auf den Feldern seines Burgherrn abplacken mußte. Die Jagd und das Turnier waren für ihn „standesgemäß" und füllten sein Leben vor allem aus. Hinzu kamen die Feste auf der Burg. Hier trugen die *Minnesänger* ihre Verse vor – ritterliche Dichter, die von Abenteuern und Heldentaten aus der Vergangenheit, aber auch vom Frühling und von den Frauen sangen. Der berühmteste unter allen Minnesängern war ein Ritter aus Tirol, Walther von der Vogelweide.

Von diesen ritterlichen Sängern stammen einige unserer schönsten Dichtungen, wie das Nibelungenlied, die Geschichte von Gudrun, von Parzival, von Lohengrin. Es sind lange Geschichten in Versen. Daneben schufen die ritterlichen Dichter viele schöne kleine Gedichte. Sie wurden zumeist den Ritterfrauen gewidmet und besangen die Liebe zu ihnen, die „Minne". Daher kommt auch ihr Name „Minnesänger".

Hier ist eines der ältesten dieser Gedichte in der Sprache von damals:

Du bist mîn, ich bin dîn;
des solt dû gewis sîn;
dû bist beslozzen
in mînem herzen;
verlorn ist das slüzzelîn:
dû muost immer drinne sîn.

Arbeitsvorschlag

Woher kommen wohl die nachfolgenden Redensarten, und was bedeuten sie?
Sattelfest sein – jemanden aus dem Sattel heben – für jemanden eine Lanze brechen – sich die Sporen verdienen – auf hohem Roß sitzen.

Für uns heute verknüpft sich die Erinnerung an die Ritterzeit vor allem mit den zahlreichen Burgen, deren Überreste wir noch an vielen Stellen finden. Burgen lagen auf steiler Bergeshöhe (Höhenburg) oder auf einer Insel (Wasserburg). Ihre Lage sollte ihnen Schutz bieten. Freilich waren die Burgen nicht von Anfang an große und trutzige Anlagen aus Stein. Um das Jahr 1000 sahen sie noch so aus wie die Rekonstruktion der Burg Husterknupp (im Kreis Grevenbroich). Alle Gebäude und Zäune waren noch aus Holz.

Die Wartburg bei Eisenach ist eine der größten und besterhaltenen deutschen Höhenburgen.

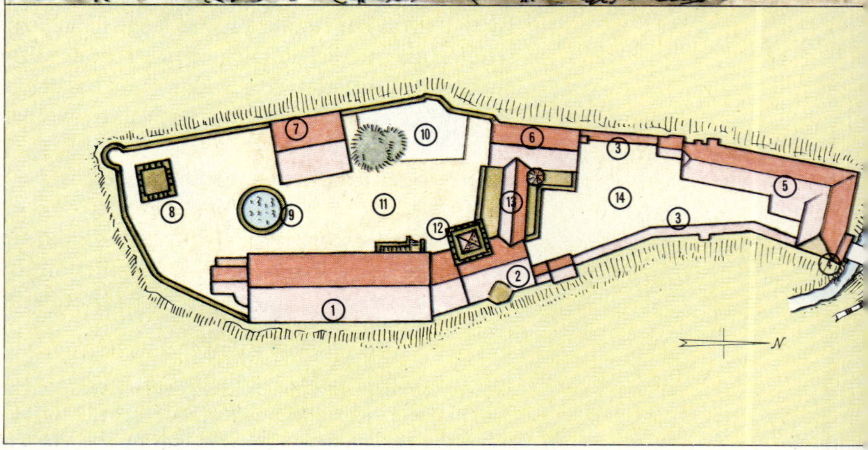

1. *Haus des Landgrafen von Thüringen (Palas)*
2. *Frauenhaus (Kemenate)*
3. *Wehrgänge*
4. *Torhaus und Zugbrücke*
5. *Haus für die ritterlichen Dienstmannen*
6. *Haus für die Knechte und Mägde*
7. *Pferdeställe*
8. *Turm*
9. *Brunnen (Zisterne)*
10. *Burggarten*
11. *Burghof*
12. *Bergfried*
13. *Torhalle*
14. *Vorburg*

Beschreibe und vergleiche beide Anlagen!

Das Leben auf einer Burg

Über das Leben auf einer Burg um 1500 berichtet uns der Ritter *Ulrich von Hutten*. Aber auch 300 Jahre früher, als die Wartburg erbaut wurde, wird es sich kaum anders abgespielt haben.

„Die Leute, von denen wir unseren Unterhalt beziehen, sind ganz arme Bauern, denen wir unsere Äcker, Weinberge, Wiesen und Felder verpachten. Der Ertrag daraus ist im Verhältnis zu den darauf verwandten Mühen sehr gering, aber man sorgt und plagt sich, daß er möglichst groß werde; denn wir müssen äußerst umsichtige Wirtschafter sein.

Wir dienen dann auch einem Fürsten, von dem wir Schutz erhoffen; tue ich das nicht, so glaubt jeder, er dürfe sich alles und jedes gegen mich erlauben. Aber auch für den Fürstendiener ist diese Hoffnung Tag für Tag mit Gefahr und Furcht verbunden. Denn sowie ich nur einen Fuß aus dem Hause setze, droht Gefahr, daß ich auf Leute stoße, mit denen der Fürst Streit und Fehden hat und die mich anfallen und gefangen wegführen. Habe ich Pech, so kann ich die Hälfte meines Vermögens als Lösegeld darangeben, und so wendet sich mir der erhoffte Schutz ins Gegenteil.

Wir halten uns deshalb Pferde und kaufen uns Waffen, umgeben uns auch mit einer zahlreichen Gefolgschaft, was alles ein schweres Geld kostet. Dabei können wir dann keine zwei Äcker lang unbewaffnet gehen; wir dürfen keinen Bauernhof ohne Waffen besuchen, bei Jagd und Fischfang müssen wir eisengepanzert sein. Die Streitereien zwischen unseren und fremden Bauern hören nicht auf; kein Tag vergeht, an dem uns nicht von Zank und Hader berichtet wird, die wir dann mit größter Umsicht beizulegen suchen . . .

Gleichgültig, ob eine Burg auf einem Berg oder in der Ebene steht, so ist sie auf jeden Fall doch nicht für die Behaglichkeit, sondern zur Wehr erbaut, mit Gräben und Wall umgeben, innen von bedrückender Enge, zusammengepfercht mit Vieh- und Pferdeställen, Dunkelkammern vollgepfropft mit schweren Büchsen, Pech, Schwefel und allen übrigen Waffen und Kriegsgerät. Überall stinkt das Schießpulver, und der Duft der Hunde und ihres Unrates ist auch nicht lieblicher, wie ich meine. Reiter kommen und gehen, darunter Räuber, Diebe und Wegelagerer, da unsere Häuser meist allem möglichen Volk offenstehen und wir den einzelnen nicht genauer kennen oder uns auch um ihn nicht sonderlich kümmern. Und welch ein Lärm! Da blöken die Schafe, brüllt das Rind, bellen die Hunde, auf dem Felde schreien die Arbeiter, die Wagen und Karren knarren, und bei uns zu Hause hört man die Wölfe heulen."

(Nach: H. Pleticha, Ritter, Burgen und Turniere, Würzburg 1961)

Betender Ritter

Arbeitsvorschläge

1. Wer ist von den Burgherren abhängig? Von wem sind sie wiederum abhängig? Betrachte dazu bitte noch einmal die Abbildung der Lehnspyramide!
2. Welche Vorteile, aber auch Nachteile für seine persönliche Sicherheit entstehen dem Burgherrn durch sein Abhängigkeitsverhältnis?
3. Wie beurteilt Ulrich von Hutten das Leben auf einer Burg? Wie hätte es wohl einer der „ganz armen Bauern" aus seinem Burgbereich geschildert?
4. Welche Höhen- oder Wasserburgen in deiner näheren Heimat kennst du?
5. Vergleiche im einzelnen Bild und Grundriß der Wartburg! Welche Teile der Anlage sind im Bild nicht zu sehen? Wozu diente wohl der Bergfried?
6. Versuche, auch den Grundriß der Burg Husterknupp zu zeichnen!

Die Frauen im Mittelalter

Wie schon im Altertum, so waren die Frauen auch im Mittelalter fast überall auf eine dienende Stellung beschränkt. Frauen von Bauern arbeiteten auf den Feldern und Höfen mit, Frauen von Handwerkern sorgten für Haus und Kost.

Nur in der Welt des Rittertums wurden sie aus ihrer dienenden Stellung in den Mittelpunkt des gesellschaftlichen Lebens erhoben.

Ihre Erziehung bekamen auch sie häufig auf fremden Burgen. Sie lernten das Lesen und Schreiben, das Saitenspiel und die Teilnahme an der Jagd. Auch mußten sie Heilkräuter kennen und Salben anfertigen können. Nach der Heirat mit einem Ritter begann das Leben als Burgherrin, das zumeist nicht sehr abwechslungsreich war. Abwechslung boten Turniere, bei denen sie von der Tribüne oder einer Galerie aus zuschauen und dem siegreichen Ritter seinen Preis überreichen konnten.

Abwechslung bot auch der reisende Händler, der mit seinem Esel den steilen Burgberg emporgeklommen war und nun seine Ware anbot.

Aus beiden Bildern auf dieser Seite ist vieles herauszulesen! Mache dir bitte aber auch klar, wodurch dieses müßige Leben ermöglicht wurde! Denke an die Geschlechtsgenossinnen, die sich mit ihren Männern auf den Äckern unterhalb der Burg abplackten!

Das linke Bild zeigt die Markgräfin Uta, die Burgherrin von Ballenstedt. Diese Plastik aus bemaltem Kalkstein ist eine der schönsten Darstellungen eines mittelalterlichen Menschen. Die Figur entstand um 1250 für den Naumburger Dom; den Namen des Künstlers, der sie geschaffen hat, kennt heute niemand mehr.

Die Bauern

Landesausbau im Westen

Das alte Landschaftsbild

„Er wanderte durch eine schreckenerregende Wildnis und sah nichts als eine ungeheure Fülle wilder Tiere, den Flug der Vögel und gewaltige Bäume."

So beschreibt ein Mönch um 800 den Reiseweg von Mainz zur heutigen Stadt Fulda. Den größten Teil der Landschaft bedeckten damals noch große Flächen wilden, unerschlossenen Urwalds mit Wölfen und Bären. Noch immer erstreckten sich wüste Heide- und Moorgebiete weithin. Noch immer flossen Bäche und Ströme ungebändigt durch breite, versumpfte Täler. Nur an wenigen Stellen fanden sich Siedlungsräume. Um von einem bewohnten Landstrich zum anderen zu gelangen, waren tage- und nächtelange Märsche durch wildes Land zu bewältigen. Befahrbare Wege gab es so gut wie nicht, und in den Wäldern verirrte man sich leicht. Auch Brücken waren nicht vorhanden, und manch einer ist bei dem Versuch ertrunken, einen Fluß zu überqueren.

Arbeitsvorschläge

1. Orientiere dich bitte zunächst genau über den unten abgebildeten Kartenausschnitt! Wo ungefähr verlaufen heute Grenzen?
2. Beschreibe das Kartenbild! Wo gab es bereits größere Besiedlungsflächen?
3. Vergleiche nunmehr das untenstehende Kartenbild mit dem gegenüberliegenden! Schreibe das Ergebnis deines Vergleichs in kurzen Sätzen nieder!
4. Wie hätte wohl ein Mönch vor 1200 Jahren die Reise durch deine Heimat beschrieben? Vergleiche damit eine Wanderung oder Fahrt, die du heute unternimmst! Was alles alles hat sich im Landschaftsbild verändert?

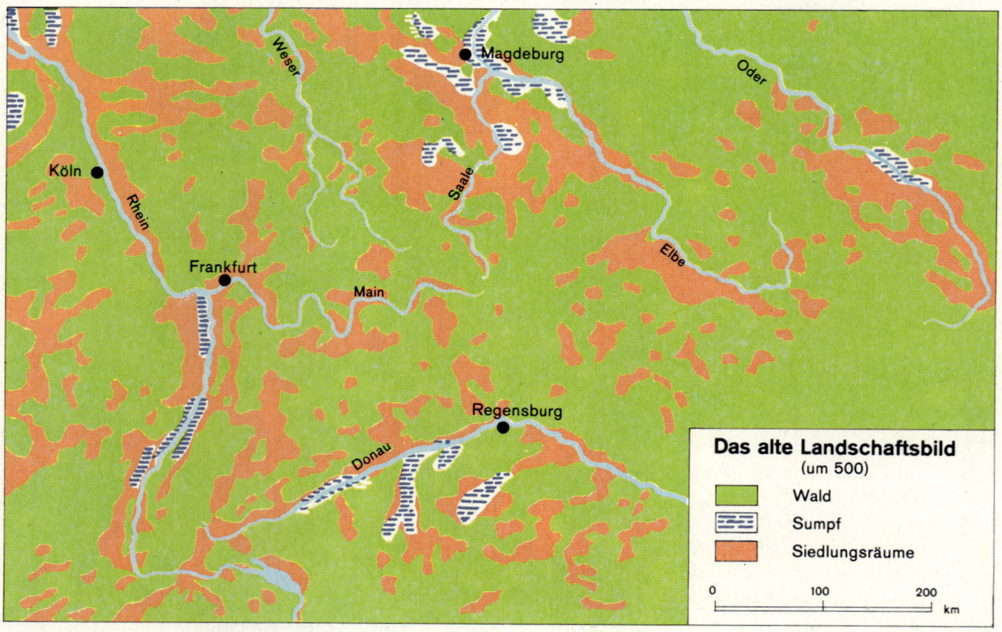

Das neue Landschaftsbild

Das Mittelalter war nicht nur die Zeit der Fürsten und Ritter – es war vor allem auch die Zeit, in der unser deutsches Land erschlossen und urbar gemacht wurde.

Höchstens drei Millionen Menschen mögen um 800 auf deutschem Boden gelebt haben. Um 1300 waren es 12 Millionen – die vierfache Anzahl. Durch dieses Anwachsen der Bevölkerung konnte bald der bewirtschaftete Boden nicht mehr alle ernähren. Hatten die Menschen zuerst nur dort gewohnt, wo die Anlage von Haus und Feld bequem und günstig war, so wurden sie jetzt gezwungen, auch mit ungünstigeren Stellen vorlieb zu nehmen.

Hier mußten sie erst Wälder und Gestrüpp roden, mußten Flußtäler und Niederungen entsumpfen; sie mußten Urland zu Ackerland machen, mußten es *kultivieren*. Das geschah vor allem im 9.–13. Jahrhundert.

Aus der wilden Urlandschaft wurde so in jahrhundertelanger, mühevoller Arbeit eine bäuerliche Kulturlandschaft, in der die Fürsten und Ritter ihre Pfalzen und Burgen, die Mönche ihre Klöster und Kapellen, die Handwerker und Kaufleute ihre Städte und Dome bauten. Felder, Gärten und Wiesen breiteten sich mehr und mehr aus und bestimmten nun das Landschaftsbild. An den Südhängen der Berge wurden Weingärten und Obstplantagen angelegt. Straßen und Wege durchzogen das Land.

Arbeitsvorschläge

1. Begründe noch einmal mit deinen Worten, warum die Rodungen notwendig waren!
2. Zeichne einen Filmstreifen: Bauern kultivieren die Urlandschaft!
3. Nenne Ortsnamen, die an die Rodungen erinnern!

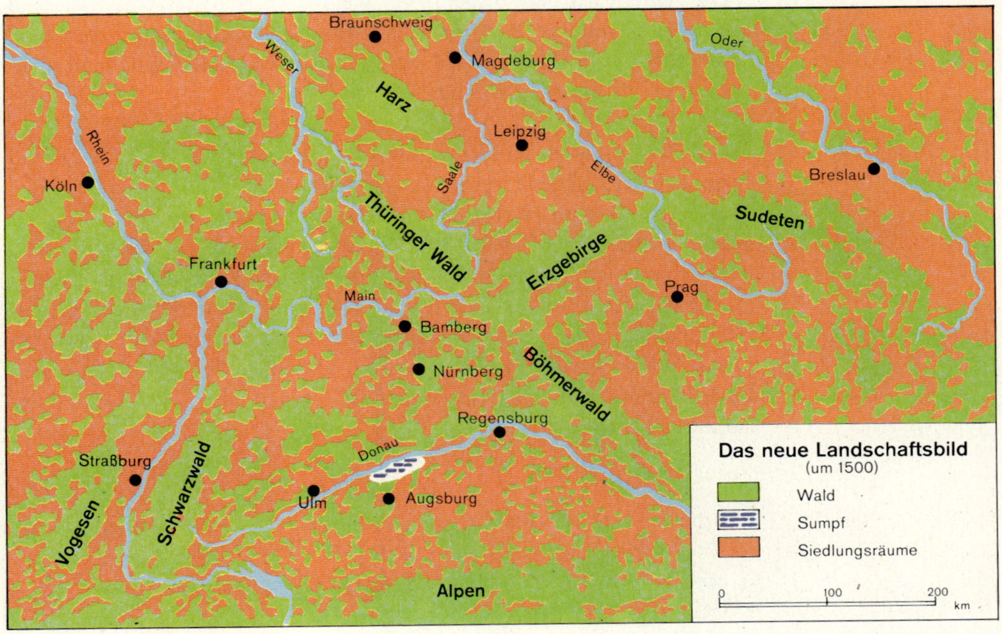

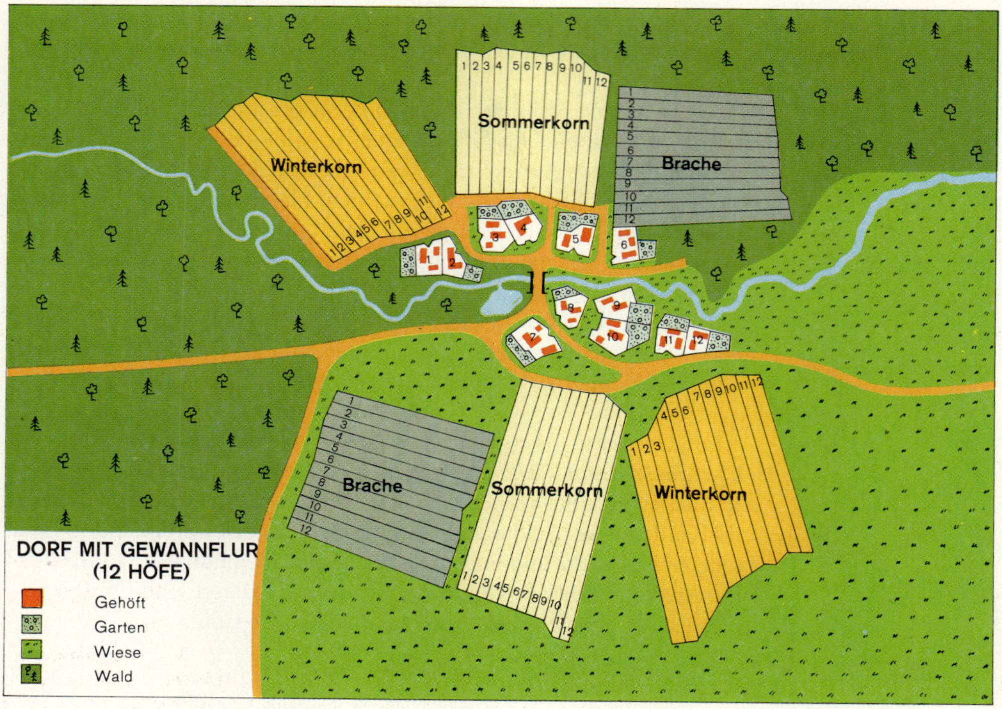

Das Dorf und seine Flur

In den alten Siedlungsgebieten und in den neuen Rodungsgebieten lagen die Dörfer der Bauern – zumeist nur aus wenigen Höfen zusammengesetzt.

Die Felder hatte man bisher in der Weise bewirtschaftet, daß man sie in einem Jahr bestellte und aberntete, im nächsten aber ungebrochen, „brach" ließ, damit sie sich wieder erholten. Im Mittelalter ging man zu einer neuen, besseren Form über.

Die Dreifelderwirtschaft

Die Bauern hatten nämlich inzwischen herausgefunden, daß Korn zu verschiedener Zeit gesät werden konnte: einige Sorten im Frühjahr, andere aber auch schon im Herbst. Dann lag zwar das eingesäte Korn unter der Schneedecke, es kam aber zeitig hervor, und man konnte es eher ernten. So unterschied man *Sommerkorn* und *Winterkorn* und teilte jetzt die Felder in drei Gruppen ein: auf dem einen Stück baute man Winterkorn an, auf dem zweiten Sommerkorn, und das dritte blieb als *Brache* zur Weide liegen. Im nächsten Jahr wurde gewechselt und im dritten wieder. Mit dieser neuen Bestellungsart, der *„Dreifelderwirtschaft"*, trugen also zwei Drittel des Bodens alljährlich Frucht.

Arbeitsvorschläge

1. Betrachte bitte die Karte oben ganz genau! Suche die Gewannstreifen, die zum Hof 6 gehören! Lies dazu die Beschreibung auf der Folgeseite!
2. Lege für dein Heft eine ähnliche Karte mit 5 Einzelhöfen an!
3. Versuche, die Dreifelderwirtschaft in einer Schemazeichnung darzustellen!

Bild Seite 80:

Wie die Bauern ihre Felder bewirtschafteten, ist nicht ganz leicht zu begreifen. Bei diesem Dorf mit 12 Höfen zum Beispiel teilten sie ihre Dorfflur in sechs große Ackerstücke („Gewanne") ein, an denen jeder Bauer einen schmalen Anteil hatte. Nun bestellten sie in gegenseitiger Absprache diese Gewanne: zwei mit Hafer und Gerste als Sommerkorn, zwei mit Weizen und Roggen als Winterkorn, und zwei blieben als Brache übrig. Daneben hatten sie dann noch die allen gemeinsame „Allmende": Weide, Wasser und Wald.

Das nebenstehende Luftbild aus unserer Zeit läßt noch deutlich die alten Gewanne erkennen.

Technische Fortschritte

Technische Fortschritte brachten den Bauern eine gewisse Arbeitserleichterung und ermöglichten eine bessere Ausnutzung des Bodens:

Als Zugtier wurde mehr und mehr das Pferd neben dem Ochsen üblich. Man lernte es, beide Tiere in der heutigen Weise anzuschirren, so daß sie wirklich unter Ausnutzung ihrer vollen Kraft mit Schultern und Brust ziehen konnten. Man schützte jetzt die empfindlichen Hufe mit Eisen. Der Pflug erhielt Räder: der alte Hakenpflug wurde zum Räderpflug. So konnte man ihn besser führen und die Zugleistung der Tiere steigern. Dann fertigte man die ganze Pflugschar aus Eisen; auch schwere Lehmböden waren jetzt gut zu beackern.

Gleichzeitig lernte der Bauer, sein Feld durch Mist, Kalk und Mergel fruchtbar zu machen.

Schließlich fand er tüchtige Helfer durch die Ausnutzung von Wasser und Wind. Die Wassermühle und später auch die Windmühle nahmen ihm die schwere und langwierige Arbeit des Kornmahlens ab.

Bisher waren die Zugtiere so angeschirrt, daß der Halsgurt beim Ziehen auf die Luftröhre des Tieres drückte. Jetzt wurde den Tieren ein Kummet angelegt: ein gepolsterter Kragen, von dem seitliche Stränge zum Ackergerät führten.

Hier auf einer Stickerei im berühmten Teppich von Bayeux aus dem 11. Jahrhundert zieht das Pferd eine Egge.

Zu den technischen Fortschritten auf dem Lande trug die Entwicklung des Handwerks in den Städten bei. Lies auf S. 100 nach!

Die Grundherrschaft

Herren und Hörige

Aus der Lehnspyramide kennst du bereits die kleine Schicht der Mächtigen, die regierten, dem geistlichen Stand angehörten oder die Schlachten schlugen. Du weißt auch bereits: Diese „Pyramide“ baute sich auf dem breiten Sockel der bäuerlichen Bevölkerung auf, die selbst nicht lehnsfähig war. Die Bauern waren fast überall in Europa in Abhängigkeit von dieser kleinen Schicht der Mächtigen, der geistlichen oder weltlichen Herren, geraten. *Dieses System der Abhängigkeit der Landbevölkerung von solchen Herren nennen wir die Grundherrschaft, die Abhängigen bezeichnen wir als „Hörige“.*

Wie war es zu dieser Grundherrschaft gekommen?

In der Zeit des Frankenreiches hatten sich immer mehr freie Bauern dem Schutz eines Mächtigen unterstellt und ihm ihren Besitz übertragen. Nur im Küstengebiet der Nordsee, vereinzelt in Niedersachsen und Westfalen sowie im Alpengebiet der Schweiz blieben die Bauern frei.

Es gab verschiedene Gründe dafür, daß ein Bauer seinen Besitz einem Adeligen – oder einem Kloster – übertrug: Der freie Bauer war wehrpflichtig, als abhängiger Bauer brauchte er keinen Kriegsdienst zu leisten – und Kriege und Fehden gab es fast jedes Jahr. Der *Grundherr* übernahm seine Wehrpflicht und gewährte ihm auch sonst Schutz in Streitfällen. Ein weiterer Grund konnte sein, daß der Bauer viele Schulden gemacht hatte oder daß der Hof durch Erbteilung so klein geworden war, daß er die Familie nicht mehr ernährte.

Wenn ein Bauer einem Grundherrn sein kleines Eigentum übertrug, erhielt er es zur Bewirtschaftung wieder zurück. Als Entgelt mußte er eine Reihe von Abgaben und Frondiensten leisten, wie sie auf der Seite 84 zusammengestellt sind. Er durfte seinen Hof und das Dorf nicht verlasssen. Dafür konnte der Grundherr das Land des Hörigen nicht verkaufen – nur das Land *mit* dem Bauern.

Der hörige Bauer durfte auch nicht jagen, denn die Jagd war dem Grundherrn allein vorbehalten. Oft konnte er sich nur mit Mühe vor Wildschäden schützen. Unerlaubtes Jagen wurde streng bestraft.

Sehr oft kam es auch vor, daß Grundherren versuchten, kleine Bauern in die Abhängigkeit zu zwingen.

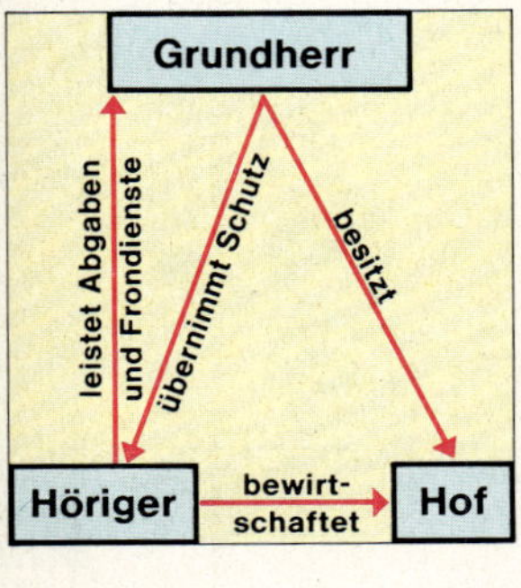

Aus einer Urkunde Karls des Großen (um 800)

Die Armen beschweren sich, daß sie aus ihrem Besitz herausgedrängt werden. Sie klagen, daß, wenn ein armer Mann sein Gut nicht dem Bischof, Abt oder Grafen ausliefern will, diese Großen Vorwände finden, um ihn in Gerichtsverhandlungen zu verwickeln oder andauernden Kriegsdienst von ihm zu fordern. Sie tun das so lange, bis der Bedrängte zugrunde gerichtet ist und entweder sein Gut ausliefert oder es verkauft. Dabei sieht er, wie sein Nachbar, der seinen Besitz aufgegeben hat, friedlich auf seiner Heimstätte bleiben darf.

(Nach: Monumenta Germaniae Historica, Capit. 1, S. 164 f.)

Bauern bei der Fronarbeit, der Arbeit auf dem Herrenland. Wer führt die Aufsicht?

Die Abtei Werden – ein Beispiel

Die Abtei Werden (Essen) ist ein Beispiel, wie Grundherrschaft ausgeübt wurde. Zur Abtei gehörten mehrere *Fronhöfe,* die etwa wie große Güter aussahen und *Verwaltern* unterstanden. Diese wurden von *Meiern* unterstützt, die auf kleineren, angegliederten *Meierhöfen* saßen.

Zu den Fronhöfen gehörten zahlreiche Knechte und Mägde. Sie verrichteten die Arbeiten auf dem *„Herrenland“*, das von den Fronhöfen direkt bewirtschaftet wurde. Zu diesen Arbeiten wurden aber auch die hörigen Bauern der Abtei herangezogen. Sie gab es in zahlreichen Orten des jeweiligen Fronhofbereichs. Diese *Fronarbeit* mußten sie zusätzlich zu ihren Abgaben leisten.

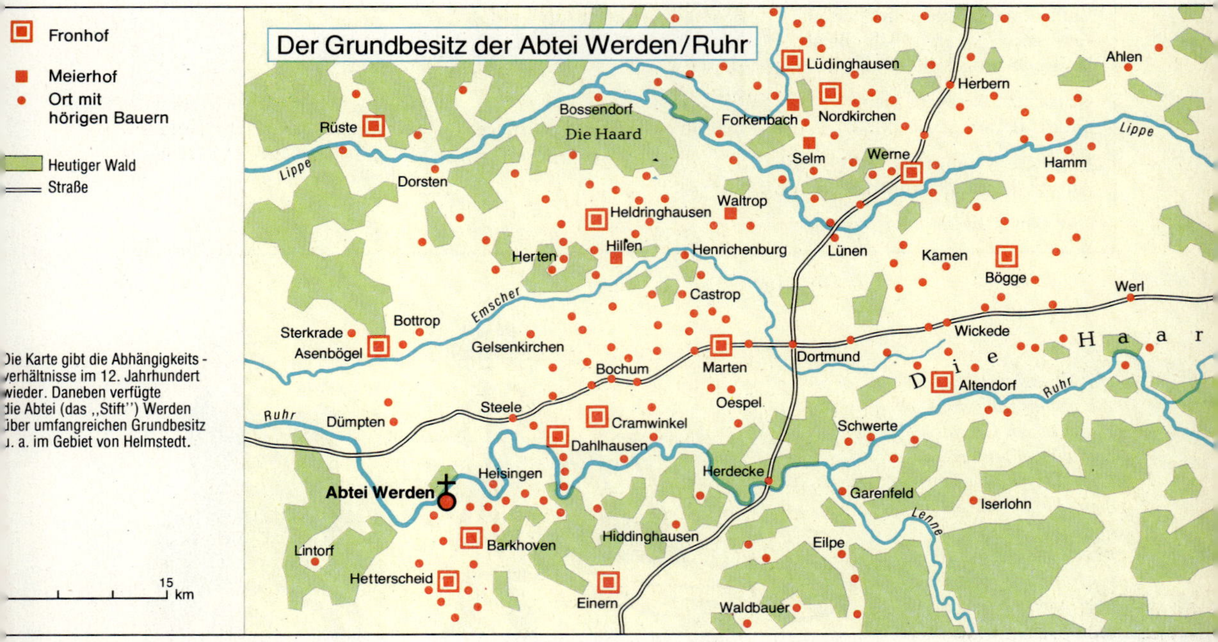

Die Karte gibt die Abhängigkeitsverhältnisse im 12. Jahrhundert wieder. Daneben verfügte die Abtei (das „Stift“) Werden über umfangreichen Grundbesitz u. a. im Gebiet von Helmstedt.

Hörige Bauern leisten ihre Abgaben: den Fischzehnt und den Schweinezehnt.

Was die hörigen Bauern im Mittelalter zahlen und leisten mußten		
1. Jährliche Abgaben	**2. Besondere Abgaben**	**3. Frondienste**
Feldzehnt (Getreide, Wein, Garten- und Baumfrüchte)	Abgabe für die Heiratserlaubnis	Arbeit auf dem Fronhof (Herrenhof) – bis zu vier Tagen in der Woche
Blutzehnt (Haustiere und tierische Erzeugnisse: Eier, Milch, Butter, Honig, Wachs, Felle, Wolle)	Abgabe beim Todesfall des Bauern (das „Besthaupt“ – das beste Stück Vieh – und das „Bestgewand“ – das beste Kleidungsstück)	Sonderarbeit zur Saat- und Erntezeit
Grundzins (Abgabe nach der Größe des hörigen Landes)	Besondere Umlagen im Kriegsfall u. ä.	Stellung von Arbeitskräften und Gespannen (beim Holzschlag, beim Wege- und Brükkenbau usw.)
Kopfsteuer (Abgabe nach der Anzahl der Familienmitglieder)		
Abgaben zu bestimmten Festtagen		

Auf der nebenstehenden Zeichnung zahlt der Bauer seinen Grundzins. Dabei zeigt er auf den Pflug, mit dem er dieses Geld verdient hat. Es ist ein Räderpflug, wie er auf S. 81 beschrieben worden ist (hier ist nur eines der beiden Räder zu sehen).

Die Bilderfolge rechts stammt aus einem mittelalterlichen Kalender, der die Tage verzeichnet, an denen die Bauern Abgaben zu leisten hatten. Der Kalender zeigt – untereinander angeordnet – sechs verschiedene Abgaben. Die Abgabentage sind immer rechts auf der Bildseite durch ein „Sinnbild" gekennzeichnet.

Für den 1. Mai steht als Sinnbild ein grüner Baum. An diesem Tage ist der „Lämmerzehnt" fällig.

Für den 25. Mai ist – schwer zu erkennen – ein Hackeklotz mit einem Beil dargestellt, weil an diesem Tage einmal ein Heiliger mit einem Beil hingerichtet wurde. Fällig ist der Zehnt der Obst- und Weingärten: zwei Bäume und zwei Weinstöcke zeigen das.

Für den 24. Juni ist eine Lichterkrone als Sinnbild gewählt. Hier ist der Fleischzehnt zu leisten.

Für den 13. Juli, den Tag der heiligen Margarethe, ist die Heilige abgebildet, wie sie den vor ihr sitzenden Teufel fesselt. Das ist der Tag für den Kornzehnt.

Für den 15. August stehen drei Bündel mit Kräutern. Hier ist der „Gänsezehnt" fällig.

Das letzte Bild bezeichnet den 24. August. An diesem Tag wurde ein anderer Heiliger ermordet. Nach der Legende zog man ihm die Haut ab; so wird er hier mit seiner abgezogenen Haut dargestellt, die er auf einem Stock trägt. Es sind verschiedene Abgaben fällig: Eier, Getreide, aber auch Geld.

Arbeitsvorschläge

1. „Der hörige Bauer opferte Freiheit und gewann dafür Sicherheit". – Was meinst du zu dieser Aussage?
2. Wer konnte zum Beispiel Grundherr eines Bauern sein? Zähle auf: ein Ritter, ein . . .
3. Setze die schematische Darstellung der Grundherrschaft auf S. 82 in eine figürliche Darstellung um!
4. Vergleiche: Die Sklaven des Altertums – die Hörigen des Mittelalters!
5. Damals konnte kein Bauer lesen und schreiben. Schreibe deshalb für ihn die Abgaben und Frondienste in Form einer „Bilderhandschrift" auf!

Die Mönche

Von Mönchsorden und Klöstern

Der Orden der Benediktiner

Christentum und Kirche spielten für alle Menschen des Mittelalters eine sehr große Rolle. Vielen von ihnen aber war ihr Glaube so wichtig, daß sie nur noch Gott dienen wollten und sich darum ganz aus der Welt zurückzogen. Sie gingen als Mönche oder Nonnen in ein Kloster. Hier lebten sie unter der Führung eines Abtes nach einer ganz bestimmten, strengen Vorschrift: der *Ordensregel*.

Die Regel des heiligen Benedikt

Die erste Ordensregel hatte ein italienischer Mönch, Benedikt von Nursia, um 530 aufgestellt. Nach dieser Regel richteten sich nicht nur die *Benediktinermönche*, sondern später auch fast alle anderen *Mönchsorden*, d. h. Mönchsgemeinschaften. Der Leitsatz der Regel des heiligen Benedikt hieß „ora et labora" – bete und arbeite! Von den Mönchen wurden also nicht nur Gebet und Andacht verlangt, sondern auch ernsthafte, nützliche Handarbeit und Taten der Nächstenliebe. Bei seinem Eintritt in den Mönchsorden mußte jeder Bruder geloben:

Ich will arm bleiben.
Ich will ehelos bleiben.
Ich will gehorsam und demütig sein.

Vom Wirken der Mönche

Das Kloster war neben einer Stätte des Gebets und der Arbeit auch eine Stätte der *Wissenschaft* und der *Kunst*: In der Klosterschule wurden die späteren Gelehrten, Priester, Lehrer und Künstler erzogen. In der Klosterbibliothek bewahrte man kostbare alte Bücher auf; sie wurden von den Mönchen abgeschrieben und blieben uns so erhalten. Mönche zeichneten die Ereignisse der Geschichte auf. Zur Ausschmückung der Klosterkirchen schufen Maler und Bildhauer viele Kunstwerke.

So wie dieser saßen die Mönche des Mittelalters in ihren Schreibstuben und malten Buchstaben für Buchstaben auf das Pergament. In der rechten Hand hält der Schreiber die Feder, in der linken ein Messer, um das Schreibgerät immer wieder anzuspitzen.

Vom Kloster St. Gallen ist uns ein Bauplan aus der Zeit um 820 erhalten. Nach diesem Bauplan wurde die Zeichnung des Grundrisses auf dieser Seite gestaltet. Vor wenigen Jahren haben Geschichtsforscher danach aber auch ein Modell geschaffen. Betrachte den Bauplan genau! Suche die entsprechenden Gebäude und Anlagen im Modell! Versuche, sie in einer Tabelle den folgenden Bereichen zuzuordnen: Mönchisches Leben, Wirtschaftsgebäude, Spital und Schule, Gäste, Handwerker, Ställe, Sonstiges!

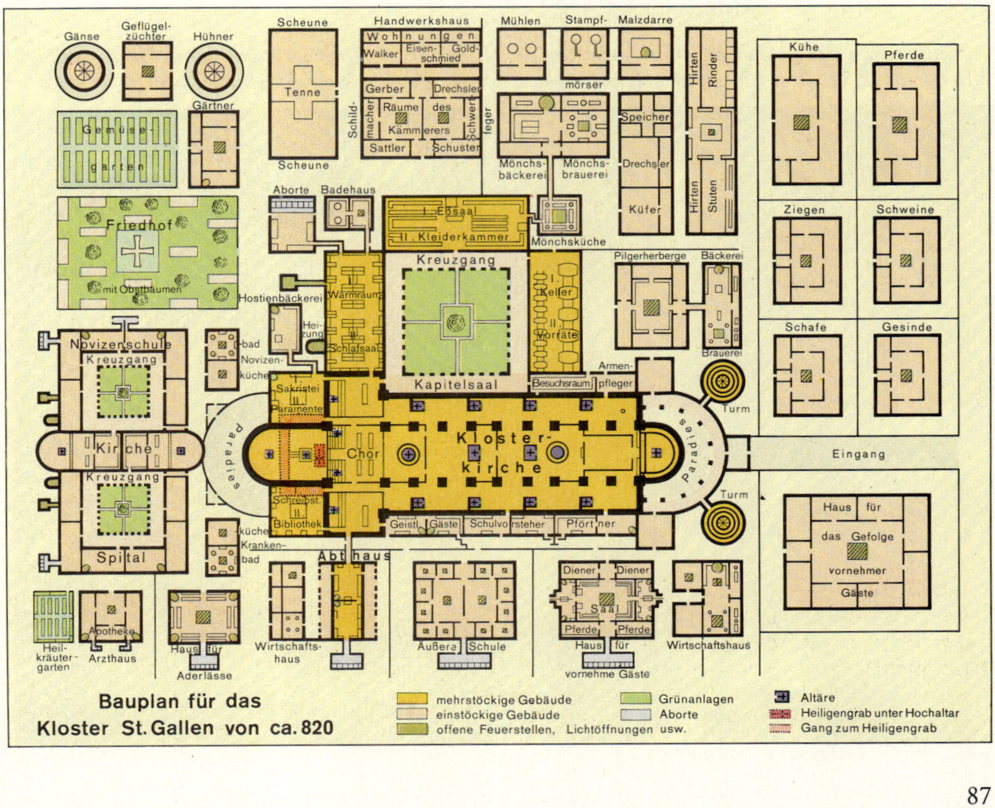

Bauplan für das Kloster St. Gallen von ca. 820

In der Landwirtschaft wurden die Mönche Vorbild für die Bauern ihrer Umgebung – sie pflegten den Anbau des Weines, züchteten viele verschiedene Obstarten und hatten das prächtigste Vieh in den Ställen.

Neue Orden entstehen

Nicht immer wurde in späterer Zeit die Regel des heiligen Benedikt streng beachtet. Die Klöster waren reich geworden. Von Adeligen hatten sie große Landbesitzungen als Schenkung bekommen, damit für das Seelenheil der Spender gebetet würde; freie Bauern hatten ihnen ihren Hof übertragen; durch Rodungen war neues Land hinzugewonnen worden. Mit dem steigenden Reichtum aber wandten sich die Klöster mehr und mehr dem weltlichen Leben zu: Prunksucht, Luxus und Völlerei griffen um sich, Handarbeit wurde verachtet, die vielen Chorgebete als eine Last empfunden.

Aus Protest einiger Mönche gegen das verweichlichte Klosterleben entstanden neue Mönchsorden, die es sich zur Aufgabe machten, wieder ganz genau die Regel Benedikts zu befolgen.

Der Zisterzienserorden

Der größte und bekannteste dieser neuen Orden ist der Zisterzienserorden, der um 1100 entstand. Die Zisterziensermönche bauten ihre Klöster fernab von Städten und Siedlungen, mitten in Wäldern und Einöden. Mit ihrer Hände Arbeit – wie es die Regel verlangte – machten sie das unwegsame Land urbar. Streng und schlicht war ihr Leben, streng und schlicht waren auch ihre Klosterkirchen: kahle, weiße Wände, schmucklose Säulen, kein Glockenturm – nur oben ein „Dachreiter“, in dem eine kleine Glocke hing.

An vielen Stellen Deutschlands findet man noch heute Klöster, die vom Wirken der mittelalterlichen Mönche berichten. Hier ist es das Zisterzienserkloster Chorin bei Eberswalde. Informiere dich auf der Karte über Lage und Gründungsjahr!

Tochterklöster im Osten

Getreu ihrem Vorsatz, unwirtliche Einöden in fruchtbares Land zu verwandeln, gründeten sie auch viele Klöster im Osten des Reiches. Es zogen jeweils einige Mönche aus dem *Mutterkloster* aus und gründeten am neuen Ort ein *Tochterkloster*. Nach einiger Zeit schickte das Tochterkloster wiederum „Gründungsmönche“ aus. So entstand bis tief in das heutige Polen hinein ein Netz von Zisterzienserklöstern, von denen aus die Mönche gleichzeitig die umwohnenden Slawen missionierten.

Arbeitsvorschläge

1. Welche Gründe konnten Menschen im Mittelalter bestimmen, in ein Kloster einzutreten?
2. Auf welchen Gebieten waren Klöster im Mittelalter führend?
3. Gib mit deinen Worten noch einmal die Gründe an, die zur Entstehung des Zisterzienserordens geführt haben!
4. Woran kannst du auf den ersten Blick erkennen, daß es sich bei der Kirche in Chorin um eine Zisterzienserkirche handelt?
5. Welches Kloster auf der Karte oben liegt deinem Heimatort am nächsten?
6. Stelle fest, wie viele Jahre nach ihrer Gründung die Tochterklöster wiederum neue Klöster gründeten: a) für die Tochterklöster von Altenberg, b) für die Tochterklöster von Altenkamp!
7. Vergleiche die Ausbreitungsrichtung beider Mutterklöster! Lies auf der Karte oben ab, in welchem Jahrhundert die meisten Klöster gegründet wurden!

Zwei Zisterziensermönche spalten einen Baum. Mit ihren Körpern formen sie zugleich den kunstvoll gestalteten Anfangsbuchstaben Q in einer mittelalterlichen Handschrift (um 1100).

Das Zisterzienserkloster Maulbronn

Das Kloster Maulbronn wurde 1147 von Zisterziensern aus dem Elsaß gegründet. Die Anlage blieb vollständig erhalten und gibt uns so ein genaues Bild eines mittelalterlichen Zisterzienserklosters.

Der Kreuzgang neben der schönen Kirche (im Bildhintergrund) verbindet die Räume, die der Unterkunft und dem religiösen Leben der Mönche dienten. Um den großen Hof (im Bildvordergrund) gruppieren sich die Wirtschaftsgebäude. Die gesamte Anlage wird von der mit Türmen bewehrten Mauer zusammengefaßt. Maulbronn ist die wohl am besten erhaltene Klosteranlage Deutschlands.

Kloster Maulbronn

1 Klostertor

2 Kirche
3 Innenhof, vom Kreuzgang umschlossen
4 Brunnenkapelle
5 Speisesäle
6 Kapitelsaal (Versammlungs- und Gebetsraum)
7 Parlatorium (einziger Raum, in dem miteinander gesprochen werden durfte)

8 Hof
9 Kornspeicher
10 Küferei
11 Schmiede
12 Pferdestall
13 Scheune
14 Melkerstall
15 Mühle
16 Bäckerei
17 Speisemeisterei
18 Gesindehaus
19 Verwaltung
20 Weingartenmeisterei

21 Herberge (für Gäste des Klosters)

100 m

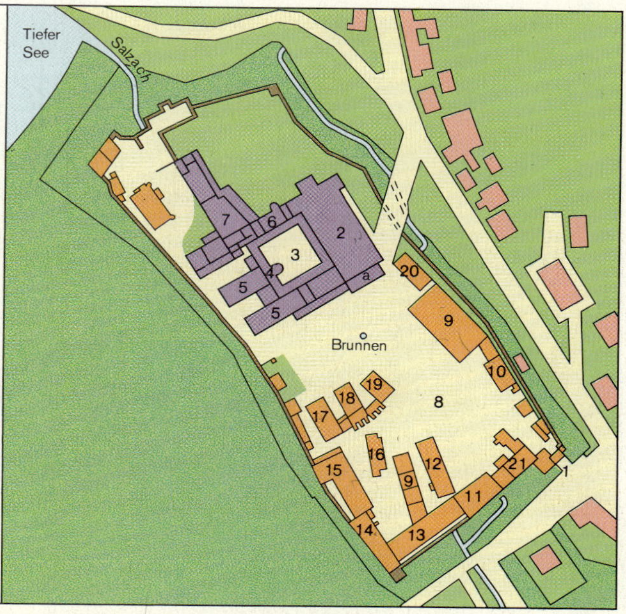

Ausschnitt aus einem Wandbehang, der Bilder aus dem Leben der Zisterziensermönche zeigt (Arbeit eines 6. Schuljahrs; Linoldruck)

Die Stadt Soest heute

Eine Stadt wie Soest

Wer heute die kleine Stadt Soest besuchen will und sein Auto auf einem Parkplatz vor der Stadt abstellt, der hat auf einmal diesen Anblick. Da ist eine Mauer, hinter der kleine Häuser mit ihren Fachwerkgiebeln hervorlugen. Höher heraus ragt eine Kirche – und vor allem ihr Turm. Es ist ein Anblick, wie ihn heute nur noch wenige Städte unserer Heimat bieten. So aber sah ein Besucher des Mittelalters im allgemeinen eine Stadt vor sich!

Im Mittelalter lebten die meisten Menschen auf dem Lande. Erst im späten Mittelalter nahm die Zahl der Städte zu, und zu dieser Zeit war etwa jeder achte Deutsche ein „Städter". Heute leben vier von fünf Bürgern der Bundesrepublik Deutschland in einer Klein-, einer Mittel- oder einer Großstadt.

Wie kam es zu diesem Anstieg?

Arbeitsvorschlag

Drei Kennzeichen der alten Stadt kannst du am Beispiel von Soest erkennen:
a) Ein Mauerring umschloß das Stadtgebiet.
b) Ein Kirchturm war das höchste Bauwerk der Stadt und weithin sichtbar.
c) Bürgerhäuser – mit einem anderen Erscheinungsbild als bäuerliche Höfe – drängten sich auf engem Raum.

Suche diese Kennzeichen auch auf anderen Abbildungen alter Städte!

Die Stadt Jena früher

Die Bürger

Wie die Städte entstanden

Das Schicksal der Römerstädte

Zur Römerzeit hatte es bereits blühende Städte im römischen Germanien gegeben. In den Stürmen der Völkerwanderung aber waren sie verödet. Die Germanen waren Bauern; sie blieben in ihren Dörfern. Manchmal bauten in späterer Zeit Erzbischöfe und Bischöfe dort ihre Gotteshäuser. Aber sie lebten mit ihren wenigen Helfern innerhalb der verfallenen Mauern aus der Römerzeit wie in einem viel zu weiten Mantel.

Die neuen Städte

Erst um das Jahr 1000 begann neues Leben an diesen Orten, entstanden aber auch viele neue Städte. Wie konnte das geschehen?

Kaufleute und Handwerker

Wir haben erfahren, daß die Bevölkerung im Mittelalter ständig anwuchs. Nicht alle Kinder der bäuerlichen Familien konnten auf dem elterlichen Hof bleiben, wenn sie erwachsen wurden. Sie suchten ihren Lebensunterhalt, indem sie als Siedler nach Osten zogen oder in ein Kloster eintraten. Manche aber machten ihren Weg auf andere Weise. Sie zogen in die Ferne und besorgten Salz, Pelze, Stoffe und viele andere Dinge von weither: sie wurden *Kaufleute.* Oder aber sie wurden *Handwerker:* sie produzierten „Waren", die sie vertauschten oder verkauften. Sie *spezialisierten sich,* indem sie nur noch bestimmte Kleidungsstücke, Arbeitsgeräte oder andere Gegenstände herstellten.

Die Kaufmannssiedlungen

Die Kaufleute aber siedelten sich an den alten und neuen *Handelswegen* an, und zwar an günstigen Stellen für Handel und Verkehr, wie zum Beispiel an Kreuzungen wichtiger Handelswege, Flußübergängen und Häfen. Zumeist suchten sie für ihre Siedlungen zugleich die Nähe von Pfalzen oder Burgen, Bischofssitzen oder Klöstern.

Die Ansiedlung der Handwerker

Auch die Handwerker blieben nicht in den Dörfern. Sie suchten nach Orten, wo sie ihre *Rohstoffe* günstig einkaufen und ihre *Waren* gut absetzen konnten. So ließen sie sich ebenfalls in den Kaufmannssiedlungen nieder. Hier arbeiteten sie für die Kaufleute, für die Burgherren oder Bischöfe und für die Bauern in den nahe gelegenen Dörfern.

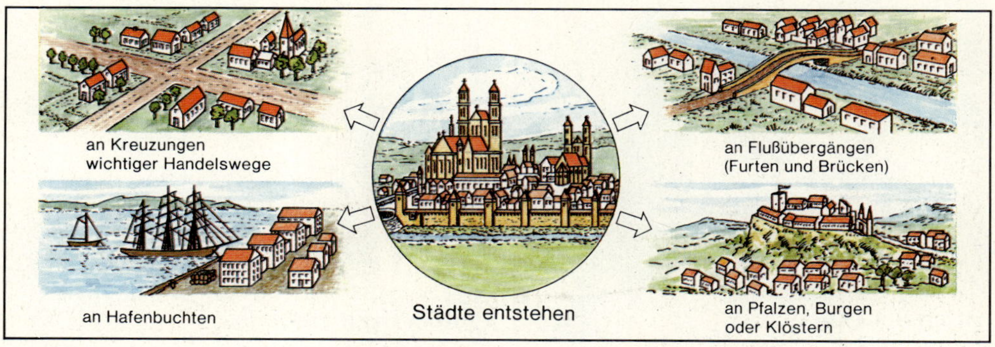

Aus diesen Kaufmanns- und Handwerkersiedlungen entstanden die neuen Städte. Sie entstanden oft wieder auf dem Boden alter Römerstädte, wenn sie verkehrsgünstig gelegen hatten, wie Köln, Bonn und Mainz, Regensburg und Passau. Sie entstanden aber auch ganz neu, wie Hamburg und Magdeburg.

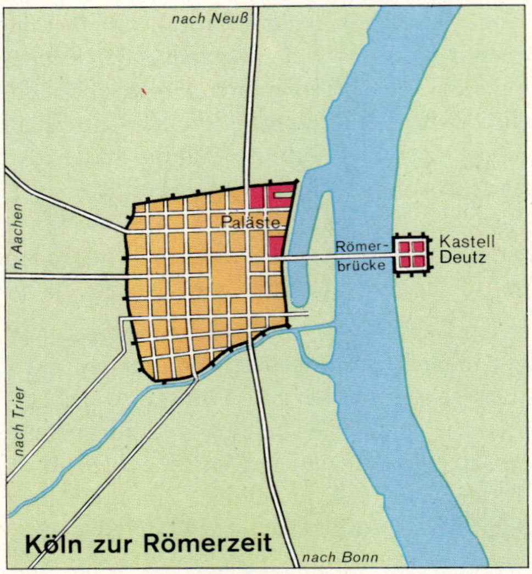

Die vier Karten zeigen die Veränderungen des Stadtbildes von Köln. – In der Römerzeit wohnten über 50 000 Menschen in dieser mauergesicherten Großstadt, oft in mehrstöckigen Mietshäusern.

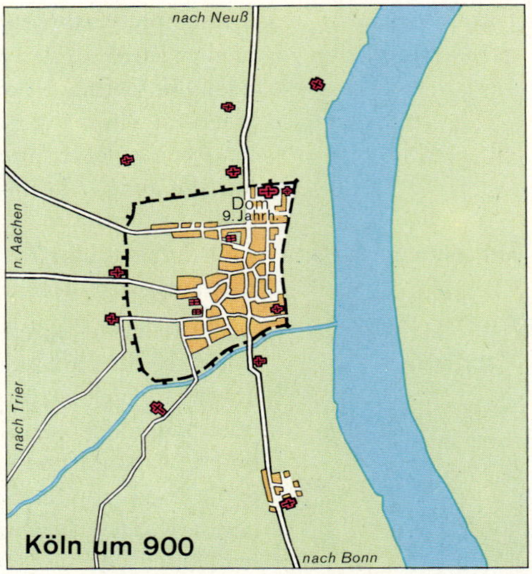

Zu Beginn der deutschen Geschichte sind die Zeugnisse der Römerzeit zerstört. Wenige Menschen wohnen zwischen den zerfallenen Mauern in der Bischofsstadt – wie in einem zu weiten Mantel.

Zwei Jahrhunderte später ist Köln durch eine neue Mauer gesichert und weitgehend besiedelt, freilich mit zumeist kleinen Häusern und Hütten. Kaufleute haben die Regierung übernommen.

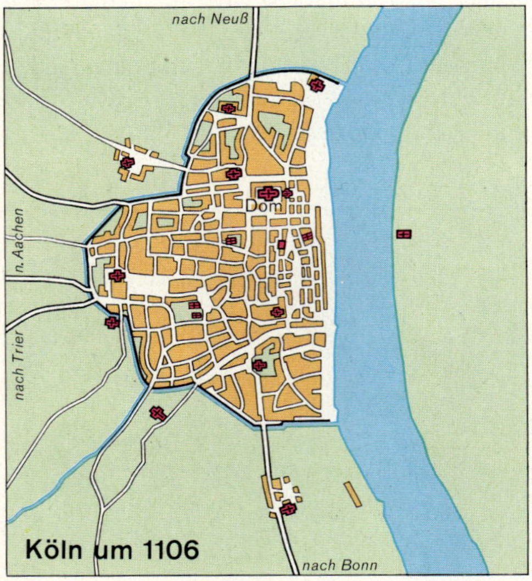

Die Befestigung der Stadt ist durch starke Mauern und Türme verstärkt worden. Bis zum Ende des Mittelalters dehnt sich Köln kaum noch aus. Mit 35 000 Bürgern ist es Deutschlands größte Stadt.

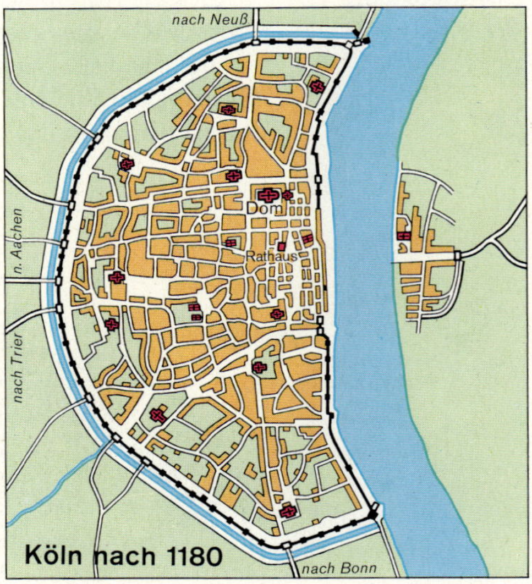

Stadt und Stadtherr

Weltliche und geistliche Herren – Herzöge oder Bischöfe, Grafen oder Äbte – übten die Herrschaft auf dem Grund und Boden aus, auf dem die neuen Städte entstanden. Diese Grundherren förderten die Entwicklung der Städte, weil sie Vorteile von der Anwesenheit vieler tüchtiger Menschen auf ihrem Gebiet hatten. Sie förderten das Wachsen der *Märkte*, auf denen die Waren der Kaufleute und Handwerker sowie die Erzeugnisse der Bauern aus den umliegenden Dörfern regelmäßig gehandelt wurden. Von den Kaufleuten konnten sie feine Geräte und Textilien erstehen, fremde Gewürze und Schmuck. Von den geschickten Handwerkern konnten sie vielerlei Arbeiten für sich verrichten lassen.

Die Dienste der Stadtbewohner

Viele Dienste forderten die Stadtherren von ihren Kaufleuten und Handwerkern. Der Erzbischof von Köln zum Beispiel verlangte von den Kaufleuten, daß sie ihm ihre Rheinschiffe zur Verfügung stellten, wenn er sie für seine Zwecke gebrauchen konnte. Was der Bischof von Straßburg seinen Handwerkern abverlangte, ist aus dem frühen 12. Jahrhundert überliefert:

„Unter den Kürschnern sind 12, die Pelze nähen müssen, soviel der Bischof braucht. Die Felle zu diesen Pelzen kauft der Kürschnermeister auf Kosten des Bischofs in Mainz oder Köln ein.

Pflicht der Schmiede ist es, dem Bischof, wenn er mit dem Kaiser auf dem Kriegszug sich befindet, je 4 Hufeisen für Pferde mit den dazugehörigen Nägeln zu liefern. Von den eingelieferten Hufeisen gibt der Bischof an seine Burggrafen einen Vorrat, der für 24 Pferde reicht, die übrigen behält der Bischof selbst. Außerdem haben die Schmiede alles zu leisten, dessen der Bischof in seinem Palast bedarf, z. B. an Türen, Fenstern, Eisengefäßen. Das Rohmaterial und die Verpflegung während der Arbeit wird ihnen aus dem bischöflichen Vorrat gegeben.

Von den Schustern haben 8 die Schreine für Leuchter, Becken und Kelche anzufertigen, wenn der Bischof zum König oder in den Krieg zieht.

Die Sattler sollen zwei Saumsättel liefern bei der Fahrt des Bischofs an den Königshof, vier jedoch, wenn der Bischof in den Krieg zieht. Wenn er mehr braucht, soll der Bischof sie für diese Arbeit bezahlen.

Die Becherer sollen alle nötigen Becher und Gefäße sowohl für den Hof des Bischofs wie für die Reise an den königlichen Hof auf Kosten des Bischofs herstellen. Der Küfermeister gibt ihnen das Holz dazu.

Die Schenkwirte reinigen die Aborte des Bischofs und die Kornböden, wenn es der Bischof von ihnen fordert, an jedem Montag.

Die Müller und Fischer müssen den Bischof auf dem Wasser rudern, wohin er will. Die Fischer müssen für den Bischof jährlich drei Tage und drei Nächte lang mit ihrem Gerät fischen.

Die Stellmacher haben jeden Montag auf Kosten des Bischofs für ihn zu arbeiten. Sie sollen zum frühen Morgen in den Palast des Bischofs kommen und nicht früher fortgehen, bis die Morgenmesse abgehalten wird. Wenn sie bis dahin keine Arbeit zugewiesen erhalten haben, können sie wieder nach Hause gehen."

(Nach: F. Keutgen, Urkunden zur städtischen Verfassungsgeschichte, Berlin 1901)

Arbeitsvorschläge

1. Wiederhole bitte noch einmal, welche „weltlichen und geistlichen Herren" des Mittelalters du kennst!
2. Stelle die verschiedenen Handwerksberufe zusammen, die für Straßburg im 12. Jahrhundert erwähnt werden! Welche davon gibt es heute noch?
3. Fasse in einer Tabelle die verschiedenen Tätigkeiten zusammen, welche die Handwerker für den Bischof verrichten mußten, z. B. unter den Überschriften „Warenlieferungen", „Dienstleistungen"!

Neugründungen durch Fürsten

Häufig bemühten sich die Grundherren, selbst neue Städte zu gründen. Herr einer Stadt zu sein bedeutete zusätzliche Einnahmen an Zins und Zoll. Sie versuchten, Kaufleute anzuziehen, indem sie auf jegliche Dienste verzichteten und statt dessen sogar besondere Vorrechte und Freiheiten versprachen.

Freiburg – ein Beispiel

Ein anschauliches Beispiel bietet die Gründung der Stadt Freiburg durch Herzog Konrad von Zähringen im Jahre 1120.

Es sei den lebenden und zukünftigen Geschlechtern bekannt, daß ich, Konrad, auf meinem eigenen Besitz Freiburg einen Markt eingerichtet habe im Jahre des Herrn 1120. Nachdem ich Kaufleute der Umgebung zusammengerufen habe, habe ich beschlossen, mit einer Eidgenossenschaft diesen Markt zu begründen und einzurichten. Jedem Kaufmann habe ich ein Grundstück zum Bau eines eigenen Hauses gegeben und bestimmt, daß von jedem dieser Hausgrundstücke jährlich am St.-Martins-Tag mir und meinen Nachfolgern ein Schilling Zins gezahlt werden soll. Jedes Hausgrundstück soll eine Länge von 100 Fuß und eine Breite von 50 Fuß haben.

Es sei bekannt, was ich nach den Wünschen und Bitten der Kaufleute an Privilegien [Vorrechten] festgelegt habe.

1. Ich verspreche allen jenen, die zu meinem Markt kommen, Frieden und Schutz. Wenn einer in diesem Bereich beraubt worden ist und er nennt den Räuber, soll er den Schaden ersetzt bekommen.

2. Wenn einer meiner Bürger stirbt, soll seine Frau mit seinen Kindern alles besitzen ohne jeden Einspruch, was er hinterlassen hat. Wenn er aber ohne Frau und Kinder und ohne einen gesetzlichen Erben stirbt, sollen die 24 Kaufleute als Eidgenossen seine Hinterlassenschaft ein Jahr lang in Gebrauch haben. Meldet sich kein Erbberechtigter, soll ein Drittel der Hinterlassenschaft zugunsten des Seelenheils des Verstorbenen verwendet werden für die Armen, das zweite zur Befestigung der Stadt oder zum Schmuck des Rathauses, der dritte Teil gehört dem Herzog.

3. Allen Kaufleuten der Stadt erlasse ich den Zoll.

4. Meinen Bürgern will ich keinen anderen Vogt und Priester geben außer den, welchen sie selbst gewählt haben.

5. Wenn ein Streit oder Rechtsfall unter den Bürgern entsteht, soll nicht von mir oder meinem Richter darüber entschieden werden, sondern nach Gewohnheit und Recht aller Kaufleute, wie sie besonders in Köln geübt werden.

11. Jeder, der in diese Stadt kommt, darf sich hier frei niederlassen, wenn er nicht der Leibeigene irgendeines Herrn ist und diesen auch anerkennt als seinen Herrn. Der Herr kann aber seinen Leibeigenen in der Stadt wohnen lassen oder ihn aus der Stadt wegholen lassen wie er will. Wenn aber ein Leibeigener seinen Herrn verleugnet, kann der Herr mit sieben Zeugen beweisen, daß der Leibeigene ihm gehört. Dann soll der Leibeigene ihm gehorchen. Wer aber über Jahr und Tag in der Stadt gewohnt hat, ohne daß irgendein Herr ihn als seinen Leibeigenen gefordert hat, der genießt von da an sicher die Freiheit.

33. Die Bürger sind nicht verpflichtet, auf einer Kriegsfahrt oder anderen Unternehmungen den Herrn länger als eine Tagesreise weit zu begleiten, so daß sie in der nächsten Nacht wieder in die Stadt zurückgelangen können.

(Nach: F. Keutgen, Urkunden zur städtischen Verfassungsgeschichte, Berlin 1901, S. 117ff.)

Arbeitsvorschläge

1. Arbeite diesen Quellentext abschnittweise durch! Kläre unbekannte Begriffe! (Eine „Eidgenossenschaft" ist eine Gruppe, die eine Vereinbarung mit einem Eid beschworen hat; ein Vogt ist ein vom Fürsten beauftragter Verwalter, ein Leibeigener im allgemeinen ein höriger Bauer.)
2. Stelle die Vorrechte und Freiheiten zusammen, mit denen der Herzog Bürger für die planmäßige Gründung von Freiburg anlockte!
3. „Stadtluft macht frei!" Diesen Ausspruch kannst du erklären, wenn du den Absatz 11 der Urkunde von 1120 genau liest.
4. Köln wird in der Urkunde als ein Vorbild herausgestellt. In welcher Hinsicht?

Arbeite dich zunächst in den Grundriß der Stadt Freiburg um 1200 (rechts) ein! Wo ist wohl der Gründungskern? Welche öffentlichen Gebäude gehören zur Stadt? Suche sie in der Abbildung unten!

Welchem Teil Freiburgs um 1500 (unten) entspricht dieser Grundriß? Wie hat sich Freiburg aus diesem Kern heraus entwickelt?

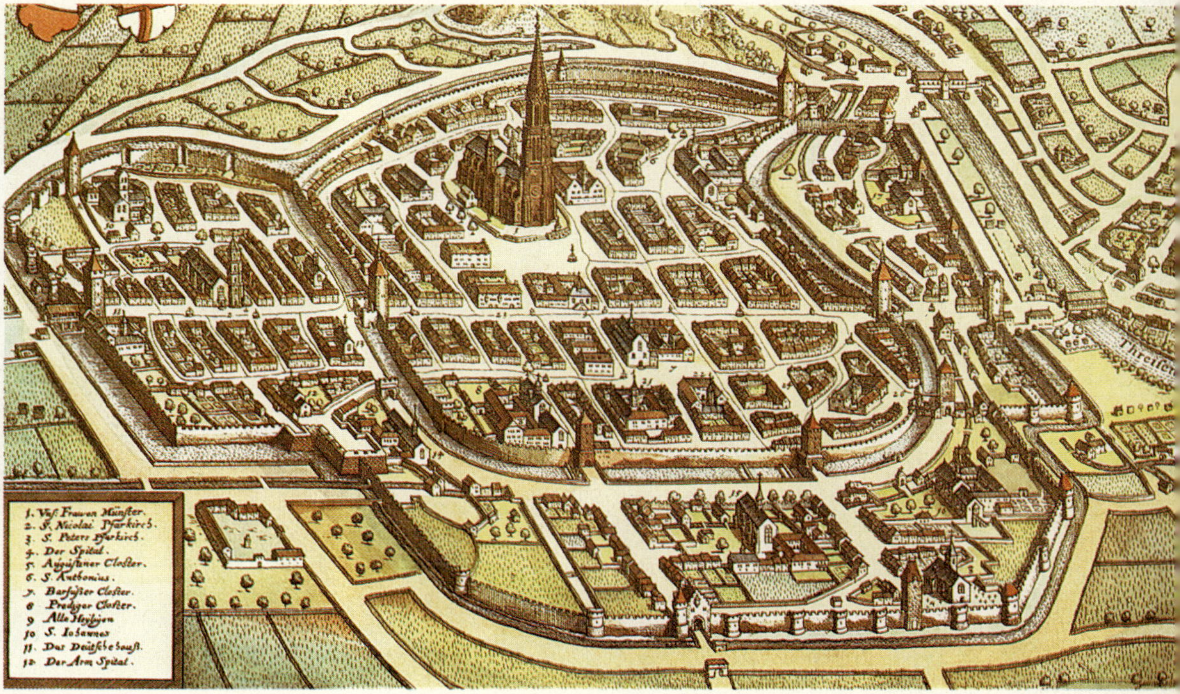

Die Stadt und ihre Bewohner

Die Kaufleute

Viele Kaufleute waren im Laufe der Zeit sehr reich geworden. Sie wollten ihre Städte selbst regieren und nicht mehr vom Stadtherrn oder seinem Vogt abhängig sein.

In manchen Städten erkauften sie sich bestimmte Rechte und Freiheiten, in anderen verjagten sie einfach den Stadtherrn. Nach und nach erlangten die Städte ihre *Selbständigkeit.* Städte, die somit nur dem Kaiser untertan waren, wurden *Reichs*städte genannt. Sie konnten in manchen Fällen ihre Herrschaft auch auf das Umland ausdehnen, wie du es auf der Karte S. 138 erkennen kannst.

Die *„Patrizier“*, wie die reichen Kaufleute genannt wurden, stellten nunmehr die Regierung der Stadt. Das war der *„Rat“*. Sie wählten aus ihrer Mitte den Bürgermeister, die Ratsherren und die Schöffen. Der Rat kassierte jetzt die Zölle, erhob die notwendigen Steuern und bestimmte ihre Verwendung. Von den Steuern wurden Brücken und Straßen gebaut. Über den kleinen und zum Teil dürftigen Häusern der Bürger erhoben sich stolze Gemeinschaftsbauten: die Kirchen, das Rathaus, Lagerhäuser für die verschiedensten Waren, Kräne, die öffentliche Waage. Trutzige Befestigungen schützten mit Toren, Türmen, Mauern und Gräben die Stadt. Auch die Feldflur wurde durch eine Landwehr gesichert.

Alles städtische Leben war durch Vorschriften des Rates aufs genaueste geregelt: Markt und Handel, Löhne und Preise, Feste und Feiern, Mode und Kleidung, ja sogar Essen und Trinken der Bürger.

Die Patrizier schlossen sich zu *Gilden* zusammen und streng von den übrigen Stadtbewohnern ab.

Patrizier, Handwerker und Tagelöhner in einer mittelalterlichen Stadt

Die Handwerker

Die Handwerksmeister stellten einen starken Anteil der Stadtbevölkerung. Sie arbeiteten zumeist allein oder mit einem Gesellen und Lehrlingen in ihren Werkstätten. Werkstatt und Wohnung waren unter einem Dach.

Die Meister eines Berufs schlossen sich in *„Zünften"* zusammen. Sie wohnten häufig in der gleichen Straße: in der „Weberstraße" oder der „Töpfergasse" zum Beispiel. Sie feierten ihre Feste miteinander. Aber die Zünfte regelten vor allem berufliche Angelegenheiten: die Ausbildung der Lehrlinge und die Tätigkeit der Gesellen, die Herstellung und den Vertrieb der Waren, den Verdienst und die Versorgung in der Not. So sorgten sie dafür, daß die Meister einer Stadt ihr Auskommen fanden. Aber sie engten den einzelnen Meister auch sehr ein, denn sie erlaubten ihm nicht, mit den anderen Meistern seiner Zunft in Wettbewerb zu treten.

Aus der Zunftordnung der Stadt Esslingen von 1331

Wenn die Zunftmeister alle ihre Zunftangehörigen zusammenrufen, sollen diese ihnen aufgrund ihres geschworenen Eides gehorsam sein. Wer nicht erscheint, muß 6 Heller Strafe zahlen.

Jedes Handwerk wählt jährlich am St. Jakobstag den zum Zunftmeister, den man für den Fähigsten und Besten für Stadt und Reich hält. Der gewählte Zunftmeister wählt sodann den aus seinem Handwerk aus, den er für den Besten hält. Diese beiden wählen einen Dritten; die drei einen Vierten und so fort, bis es [zuzätzlich] zwölf sind. Die so gewählten Zwölf sollen unter Eid geloben, ihrem Zunftmeister in allen Dingen zu helfen, besonders das Handwerk zu schirmen und um Recht und Ansehen der Stadt und des Reiches mit guter Treue bemüht zu sein.

Wenn in der Stadt ein Aufruhr entstehen würde, soll jede Zunft aufgrund ihres Eides zu ihrem Zunftmeister laufen, und die Zunftmeister sollen mit ihren Untergebenen zum Bürgermeister laufen, um Ehre und Nutzen der Stadt, der Reichen wie der Armen, zu wahren.

Wer in eine Zunft eintreten will, muß ihr ein Pfund und 5 Schilling Heller zahlen. Wenn er aber der Sohn eines Handwerksmanns des gleichen Handwerks ist, so braucht er das Recht, dieser Handwerkerzunft anzugehören, nicht zu kaufen.

Wer Zunftangehöriger ist oder es werden will und die Geldumlagen nicht entrichtet oder wer die Gesetze nicht hält, die seine Zunft oder alle Zünfte ... erlassen haben, soll von seinem Zunftmeister und seinen Zunftangehörigen deswegen gepfändet werden und von sonst niemandem.

(Urkundenbuch der Stadt Esslingen, Band 1, Stuttgart 1899)

Mittelalterliche Zunftwappen

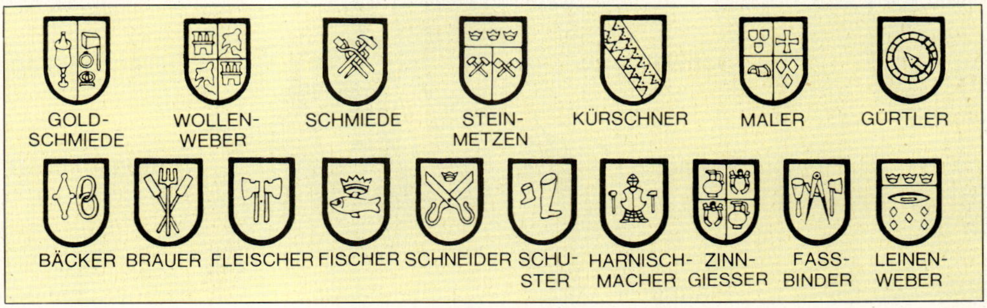

Arbeitsvorschläge

1. Arbeite bitte den Auszug aus der Zunftordnung sorgfältig durch!
   a) Welche Bezeichnung führt der höchste Vertreter einer Zunft? Von wem wird er gewählt? Wie lang ist seine Amtsperiode?
   b) Die zwölf Helfer des Zunftmeisters heißen *Zunftrichter.* Wie werden sie gewählt? Wie denkst du über dieses Wahlverfahren?
   c) Welchen Sinn hat wohl die Bestimmung für den Fall eines Aufruhrs?
   d) Wer ist beim Eintritt in eine Zunft bevorrechtigt? Ist das gerecht?
   e) Welche Rechte hat der Zunftmeister über seine „Untergebenen"?
2. Beschreibe die mittelalterlichen Zunftwappen! Welche Berufe gibt es heute nicht mehr, welche sind selten geworden?
3. Prüfe, ob es auch in deinem Heimatort Straßennamen gibt, die auf die Zünfte zurückgehen! Welche Familiennamen kommen von mittelalterlichen Berufen und Ämtern her?
4. Welche der Berufe, in die sich das Schmiedehandwerk spezialisierte, wurden auch für die Landwirtschaft wichtig? Lies dazu auf S. 81 nach!

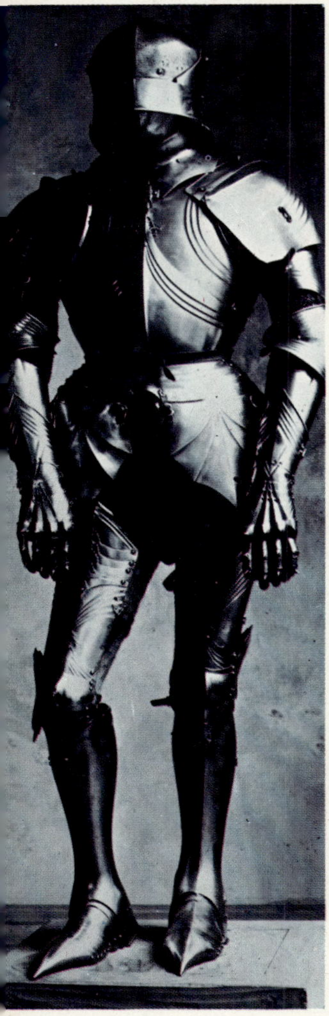

In den Städten machte das Handwerk große technische Fortschritte. Neben den Webern spezialisierten sich vor allem die Schmiede. Die Zeichnung unten gibt eine Auswahl der Berufe, die sich aus dem Schmiedehandwerk entwickelten.

Der „Plattner" produzierte zum Beispiel einen solchen Harnisch („Plattenpanzer"), wie ihn die Abbildung links zeigt. Er war unbequemer als die Rüstung, die der Ritter auf S. 75 trägt, und wog bis zu 50 kg. Feste Metallplatten schützten die einzelnen Teile des Körpers. Sie waren innen durch Riemen, Haken und Federbolzen verbunden. Ein aufklappbares Visier bedeckte das Gesicht.

Mit welcher Kunstfertigkeit die Plattner einen Harnisch arbeiteten, zeigt der Eisenhandschuh in der Abbildung darüber: Viele einzelne Metallglieder machen die Finger beweglich, und sogar der Platz für die Fingernägel darunter ist ausgehämmert!

Die soziale Schichtung

Kaufleute und Handwerker waren die beiden wichtigsten Gruppen der Stadtbevölkerung im Mittelalter. Es gab aber noch andere Stadtbewohner, wie der nachfolgende Überblick dir zeigt.

Die Stadt ist ein fester, sicherer Stützpunkt für Handel und Verkehr. Unter ihren Leuten, den Bürgern, arbeiten sich nach wirtschaftlicher Bedeutung und Zahl die mercatores (Kaufleute) schnell empor ...

Der Handwerker mit seinen Leuten hat mancherorts in der reif gewordenen Stadt mehr als die Hälfte der gesamten Einwohnerschaft ausgemacht, in Frankfurt und Heidelberg zuzeiten sogar 60–70 v. H. Sein Stand ist der Stand der breiten Masse in den mittelalterlichen Städten, die ja freilich an Menschenzahl noch unmodern klein gewesen sind. Das Handwerk, in dem die selbständigen Meister an Zahl gar nicht oder nicht gar so viel zurückstehen hinter den Gesellen, ist Kernstück und Hauptbestand des gesamten Mittelstands ...

Neben den paar wenigen, aber wichtigen richtigen Kaufleuten [und] neben [den] Handwerkern sind da weiter noch Krämer und Höker, von den Kaufleuten meist scharf getrennt, ferner Gastwirte, Fuhrleute und dergleichen: alles in der Regel gleichfalls noch wirtschaftlich selbständige Leute, Mittelstand von bescheidener Art und geringeren Ansprüchen.

Von da nun in immer weiterem sozialem Abstieg allerhand recht eigentlich kleine Leute, arme Leute: Außer allerhand Gesinde viele Tagelöhner landwirtschaftlicher oder gewerblicher Art, Fuhrknechte, Lastenträger u. ä. m., nicht selten im Dienst der Stadt – bis hinab zum allerbuntesten, losen, verlorenen Haufen im buntscheckigen mittelalterlichen Stadtvolk: Gaukler und andere fahrende Leute, Arme und Sieche, Dirnen, ihre Gebresten [Gebrechen] und ihre Gelüste offen zur Schau tragende Bettler und, in den größeren Städten namentlich, in den Ecken und Winkeln allerhand lichtscheues Gesindel.

(M. Rumpf, Deutsches Handwerkerleben, 1955, S. 18 ff.)

Erläutere das Schaubild „Soziale Schichtung in einer mittelalterlichen Stadt" nach dem Text oben! – Ermittle, wie Armut und Reichtum in der Bevölkerung der Stadt Nürnberg im 15. Jahrhundert verteilt waren (linkes Bild)!

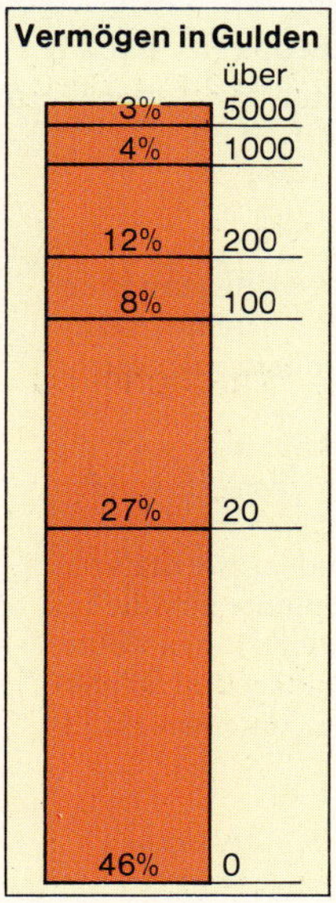

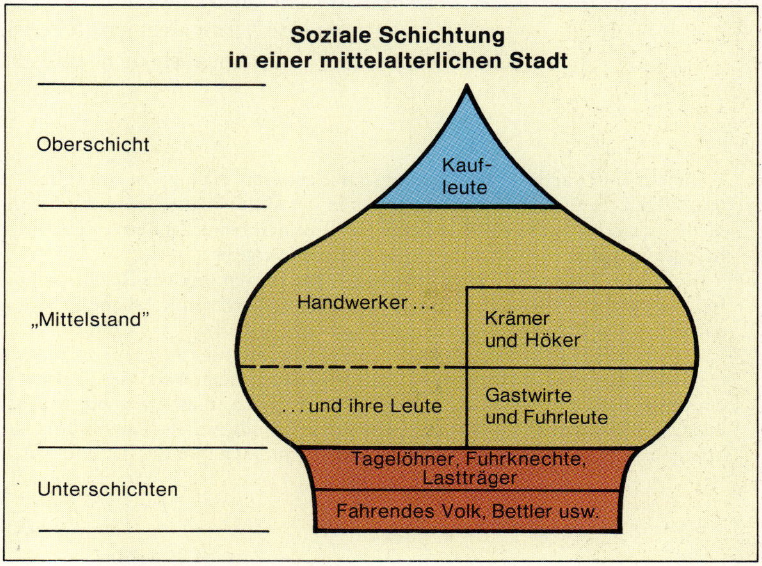

Die Juden

Seit der Römerzeit waren die Juden auch in Europa zerstreut. Sie hatten zu den ersten tüchtigen „Fernhändlern" gehört, die Salz und Pelze von weither holten, und sie waren somit auch unter den ersten Bewohnern der neuen Städte. Als jedoch die christlichen Kaufleute immer mächtiger wurden, verdrängten sie die Juden aus dem großen Handel. Auch die Zünfte nahmen sie nicht auf, weil sie keine Christen waren. Sie durften in der Stadtverwaltung kein Amt bekleiden und durften auch keinen Grund und Boden in der Stadt erwerben. Außerdem mußten sie in einer besonderen Straße („Judengasse") wohnen, die häufig noch abgesperrt wurde. Sie wurden gezwungen, besondere Kleidung zu tragen: einen spitzen Hut zum Beispiel. Häufig erließ der Rat einer Stadt auch sehr genaue Verordnungen für sie, wie hier der Rat der Stadt Köln 1404:

Darstellung eines Juden in einer mittelalterlichen Handschrift

> Juden und Jüdinnen, die in Köln wohnen und als Fremde hereinkommen, sollen solche Kleidung tragen, daß man sie als Juden erkennen kann: Sie sollen an ihren Überröcken und Röcken Ärmel tragen, die nicht weiter als eine halbe Elle sind. – Pelzwerk darf an den oberen und unteren Enden der Ärmel nicht sichtbar sein. – Die Mäntel müssen Fransen haben und mindestens bis zu den Waden reichen. – Sie sollen keine Seidenschuhe weder im Haus noch draußen tragen. – Oberhalb des Ohrläppchens dürfen sie sich nicht scheren lassen, es sei denn, es ließe sich einer den Kopf kahl scheren. Ein jüdisches Mädchen darf nur ein Haarband unter 6 Gulden Wert und unter zwei Finger breit tragen. – An Werktagen dürfen jüdische Frauen Ringe von höchstens drei Gulden Wert tragen, an jeder Hand nur einen.
>
> *(W. Stein, Akten zur Geschichte der Stadt Köln ..., Bonn 1895, S. 551 f.)*

Nur wenige Möglichkeiten blieben ihnen, um ihren Lebensunterhalt zu verdienen. Manche wurden Geldverleiher oder Geldwechsler, andere handelten mit gebrauchten Kleidern und Gegenständen. Wegen ihres Glaubens und wegen ihrer Geschäfte sind sie oft angefeindet und verfolgt worden, am schlimmsten 1349. Damals brach die Pest in Europa aus. Die Menschen kannten die Ursachen noch nicht und machten die Juden zum „Sündenbock".

> Im Jahr 1349 war das größte Sterben, das je gewesen, es ging von einem Ende der Welt bis zum anderen. Wegen dieser Pest wurden die Juden in der Welt verleumdet und bezichtigt, sie hätten es verursacht, indem sie Gift in das Wasser und die Brunnen getan. Zu Bern und Zofingen folterte man etliche Juden, die sagten aus, sie hätten viele Brunnen vergiftet.
>
> So kamen der Bischof [von Straßburg], die Herren und die Reichsstädte überein, man solle die Juden beseitigen. Sie wurden nun in vielen Städten verbrannt, etliche auch ausgetrieben, die wurden dann von den Bauern gefangen, erstochen oder ertränkt.
>
> Als nun in Straßburg alles Volk über die Juden ergrimmt war, versperrte man die Judengasse und setzte bewaffnete Leute davor, damit man ihrer desto sicherer wäre. Am Samstag verbrannte man sie auf einem hölzernen Gerüst in ihrem Kirchhofe, es waren an zweitausend. Wer sich taufen lassen wollte, durfte am Leben bleiben. Was man den Juden schuldig war, galt als bezahlt, alle Pfänder und Schuldbriefe wurden zurückgegeben. Das Bargeld der Juden nahm der Rat und verteilte es unter das Handwerk.
>
> *(Straßburger Stadtchronik, zitiert nach Johannes Bühler, Bauern, Bürger und Hanse, Leipzig 1929, S. 134 ff. Gekürzt)*

Die Selbstverwaltung der Bürger

Kämpfe um die Mitregierung

Nachdem sich die Städte von ihren Stadtherren befreit hatten, waren die Mitglieder des Rates allein von den reichen Kaufleuten gestellt worden. Je bedeutender aber die Handwerker wurden, je mehr sie durch ihre Spezialisierung zur Wirtschaftskraft der Städte beitrugen, desto selbstbewußter wurden sie. Im 13. und 14. Jahrhundert drängten die Zünfte auf eine Mitbestimmung bei der Verwaltung der Stadt. In den meisten Fällen wiesen die Patrizier solche Forderungen zurück. So kam es in vielen Städten zu Aufständen, die nicht selten blutig verliefen.

Im Jahre 1374 war in der Stadt Braunschweig der Teufel los und hetzte das Volk gegen den Rat. Ein Teil der Ratsherren wurde totgeschlagen, ein Teil gefangengenommen und geköpft, ein Teil aus der Stadt vertrieben. Wem von den Ratsherren, ihren Kindern und ihrem Geschlecht es gelang, die Stadt zu verlassen, der war am besten dran. Das führerlose Volk lief in den Weinkeller, zerschlug die Fässer und ließ den Wein auf die Erde laufen. Sie führten den Bürgermeister Tile von dem Damme unter schmählicher Mißhandlung vor die Stadt, liefen dann in sein Haus und nahmen, was sie fanden, sie legten Feuer an das Haus, daß es bis auf den Erdboden niederbrannte, dann schlugen sie Herrn Tile den Kopf ab.

Zu all diesen lästerlichen Missetaten setzten sie aus allen Zünften einen neuen Rat ein, so wie es ihnen behagte. Das Allerschlimmste war, daß sie an die Zünfte aller Städte Briefe sandten, in denen sie ihr Recht dartun wollten und klagten, daß sie zu hart behandelt und beschatzt [besteuert] worden wären, was sie nicht mehr hätten ertragen können. Mit diesen Sendschreiben reizten sie das Volk anderer Städte gegen ihren Rat auf, was schwer zu dulden war.

(Chroniken deutscher Städte, Lübeck 1, in: Geschichte in Quellen, Mittelalter, München 1970, S. 747)

Bald bot die Verwaltung der Städte ein uneinheitliches Bild. Hier konnten die Patrizier die Macht behaupten oder zurückgewinnen, dort setzten sich allein die Zünfte durch. In anderen Städten wiederum fand man einen Kompromiß, indem die Zünfte einen Anteil an der Stadtregierung zugebilligt erhielten und ebenfalls Ratsherren stellen konnten.

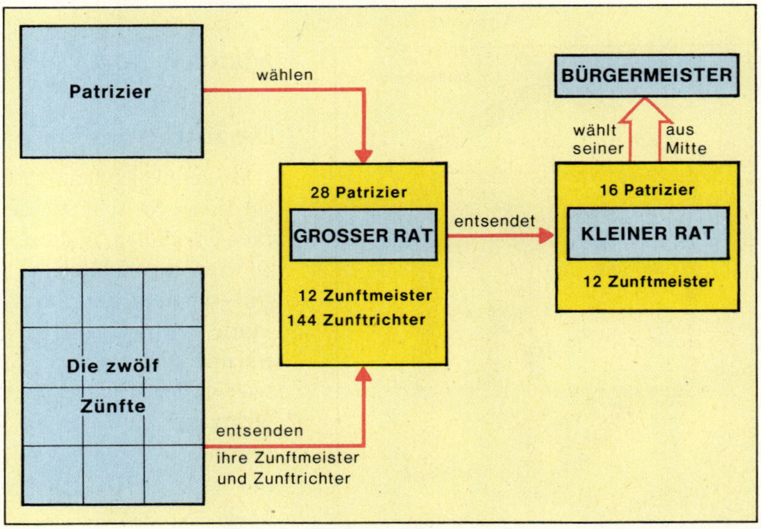

Die Stadtregierung Reutlingens nach den „Zunftkämpfen“

Die Stadtregierung von Reutlingen: ein Beispiel

Reutlingen ist Beispiel einer solchen „gemischten“ Stadtregierung. Hier hatten sich die Zünfte eine starke Position im *Großen Rat* erkämpfen können: Sämtliche Zunftmeister und Zunftrichter gehörten ihm an, und die Patrizier bildeten nur eine kleine Minderheit. Der Große Rat beriet die allgemeinen Gesetze und Ordnungen der Stadt und tagte nur unregelmäßig.

Der *Kleine Rat* hingegen war für die laufenden Amtsgeschäfte zuständig und tagte mindestens einmal in der Woche. Aus seiner Mitte kam auch der Bürgermeister der Stadt, und der Kleine Rat wählte ihn. Unter dem Vorsitz des Bürgermeisters entschied der Kleine Rat über die Aufnahme neuer Bürger in die Stadt, über Angelegenheiten des Marktes und Verstöße gegen Gesetze und Ordnungen. Hier hatten die Patrizier die Mehrheit, und sie stellten in der Regel auch den Bürgermeister!

Diese *Verfassung* hat bis 1806 bestanden, denn so lange gab es die „freie Reichsstadt“ Reutlingen. Ähnliche Verfassungen galten auch in den anderen freien Reichsstädten.

Arbeitsvorschläge

1. Erläutere das Schaubild S. 103 nach dem vorstehenden Text!
2. Untersuche nach dem Schaubild S. 101, welche Schichten der Bevölkerung Reutlingens von der Teilnahme an der Stadtregierung ausgeschlossen waren!
3. Suche Gründe, warum der Bürgermeister fast immer ein Patrizier war!
4. Werden heute noch Schichten der Stadtbevölkerung von der Stadtregierung ausgeschlossen? Versuche festzustellen, wie heute der Stadt- oder Gemeinderat deines Heimatortes gewählt wird!

△
Bürgerin und Bürger der ehemals freien Reichsstadt Rothenburg ob der Tauber (Franziskanerkirche, 15. Jahrhundert). Wie früher nur Bischöfe und adelige Herren, so ließen sich in den Städten jetzt reiche Bürger in den Kirchen beisetzen. Dafür spendeten sie große Beträge.

Mauern, Märkte und Bauten

Die Stadtbefestigung

Ein kennzeichnendes Merkmal für eine Stadt ist *die Mauer.* Sie schützte die Bewohner vor feindlichen Überfällen. Wälle und Gräben vor der Mauer bildeten eine zusätzliche Sicherung. Wie ein Angriff auf eine mittelalterliche Stadt vorgetragen wurde, kannst du auf S. 59 in vielen Einzelheiten erkennen. Wie sich die Stadtbewohner wehrten, zeigt dir die Zeichnung. Auf der Mauer verliefen Wehrgänge, in denen die Verteidiger Stellung bezogen.

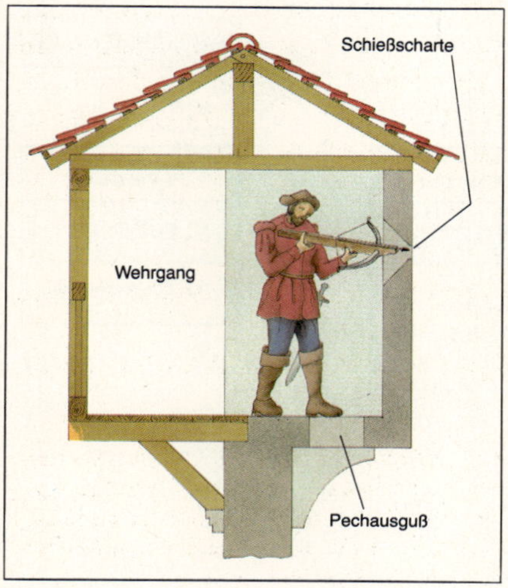

Schnitt durch den Wehrgang einer Stadtmauer

In der Frühzeit schützten sich die Stadtbewohner durch einfache Wälle und Holzzäune. Später bauten sie große Mauerringe mit Stadttoren, Gräben und Zugbrücken. So wie diese Stadt in Südfrankreich (Carcassonne) haben die meisten Städte des Mittelalters ausgesehen. Sie wirkten durch ihre Befestigungsanlagen wie Burgen; daher haben die Stadtbewohner auch ihren Namen „Bürger".

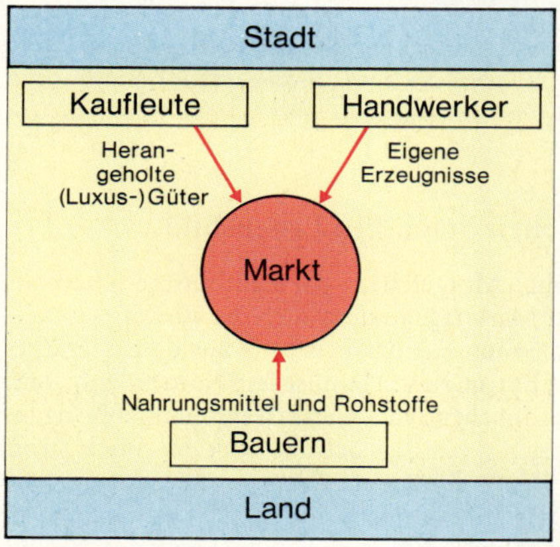

Der Markt

Mittelpunkt und weiteres kennzeichnendes Element einer Stadt aber war der Markt, ein großer Platz, an dem zumeist auch das Rathaus lag. Hier verkauften die Handwerker und Kaufleute ihre Erzeugnisse, hierher kamen die Bauern aus der Umgebung, um ihre Waren anzubieten. Neben diesem Hauptmarkt hatten die großen Städte noch Nebenmärkte, wie den Holzmarkt oder den Viehmarkt.

So war der Markt zugleich Mittelpunkt eines größeren Gebiets und vor allem der Ort, an dem *Stadt und Land ihre unterschiedlichen Waren und Erzeugnisse austauschten.*

Das Marktrecht

Das Recht, einen Markt abzuhalten, war ursprünglich vom Stadtherrn verliehen worden *(Marktrecht).* Der Stadtherr sorgte auch dafür, daß Marktbesucher unbehelligt in die Stadt ziehen konnten *(Marktfrieden).* In der Stadt kontrollierten städtische Beauftragte die Einhaltung der *Marktordnung:* den Platz und die Art der Verkaufsstände, die Maße und Gewichte, die Preise. Alles war genau festgelegt. Wer dagegen verstieß, kam vor das *Marktgericht.*

Arbeitsvorschläge

1. Erläutere das vorstehende Schaubild!
2. Gibt es in deinem Heimatort noch „Märkte", deren Namen auf ihre frühere Bestimmung verweisen?
3. Erläutere bitte noch einmal diese Begriffe: Marktrecht – Marktfrieden – Marktordnung – Marktgericht!

Das nachfolgende Lebensbild schildert dir den Markttag in einer mittelalterlichen Stadt – so, wie ihn ein Junge in deinem Alter erlebt haben könnte. Solche Erlebnisse haben die Menschen damals nicht aufgeschrieben, und nur wenige konnten ja auch bereits lesen und schreiben. Aus den Überresten des Mittelalters, aus Bildern, aus Urkunden und anderen schriftlichen Quellen haben die Verfasser dieses Buches versucht, einen solchen Markttag zu rekonstruieren. Du erkennst darin viele Einzelheiten aus der damaligen Zeit.

Blick auf die Stadt Braunschweig um 1550. Dieser Holzschnitt befindet sich heute in der Herzog August Bibliothek Wolfenbüttel. Der Text im Schriftband über dem Stadtbild lautet „Wappen der Stadt Braunschweig", die Inschrift darunter „Diese ehrliche hochberühmte Stadt Braunschweig ist im Jahre 861 nach der Geburt Christi erbaut worden (1547)". – In einer Stadt wie Braunschweig spielt unser Lebensbild.

Markttag in einer mittelalterlichen Stadt. Ein Lebensbild

Der Aufbruch

Man schrieb das Jahr 1350. Am frühen Morgen hatte der Stadtbüttel am Rathaus die rote Fahne herausgesteckt: es war Markttag, an dem auch die auswärtigen Verkäufer Marktrecht hatten. Von allen Seiten zog das Landvolk aus dem Marktbereich der Stadt heran, um Milch, Eier, Butter, Käse, Gemüse und Korn feilzubieten. Umgekehrt war manches von den städtischen Handwerkern mit heimzubringen: ein Topf etwa, ein neues Handwerksgerät, ein Paar Schuhe oder ein Stück Stoff.

Auch Anna Brinkmann aus dem Weiler hinten am Wald machte sich auf, die kleinen Erzeugnisse ihres Hofes in die Stadt zu tragen. Der Bauer hatte Pachtland vom Kloster genommen, auf dem er frei von Frondiensten saß; aber nun galt es, rechtzeitig den Zins dafür zusammenzubringen. Martin, der jüngste Sohn, sollte die Mutter begleiten, ihr die Ware mit der Karre stadtwärts fahren. Er war erst zweimal mit zum Markt gewesen, und immer gab es Neues und Interessantes zu sehen.

Vieltürmig erhob sich vor den beiden die Stadt. Die Morgensonne glänzte auf den Mauertürmen und auf den schlanken Turmspitzen der Kapellen.

Der Feldweg bog auf die große Landstraße ein. Die sah zwar kaum anders aus, nur belebter wurde es jetzt. Ein paar Bauern zogen mit ihnen. Der Kuhhirte der Stadt kam ihnen entgegen, und der Schäfer folgte ihm mit dem Hund und der wimmelnden Herde. Neben ihnen auf der Höhe war der Rabenstein mit dem Galgen; zwei Windmühlen drehten gemächlich ihre großen Flügel.

Haus mit vorgezogenem Oberstock in Bernkastell-Kues

Am Stadttor

Am Stadttor gab es Aufenthalt und Gedränge. In aller Frühe schon war ein Kaufmannszug angekommen. Fünf Lastwagen, vierspännig, hochbepackt bis unter die Plane, waren hintereinander aufgefahren, von bewaffneten Knechten begleitet. Ein Torhüter kletterte von Wagen zu Wagen und schaute nach, ob nichts Unerlaubtes eingeführt würde. Die Bauersleute aus der Umgebung, die zollfrei zum Markt hineingehen durften, wanden sich mit ihren Handkarren und Kiepen hindurch. Ihnen entgegen aber quiekte und grunzte eine Schweineherde.

Die Straßen

Auch Martin schlängelte sich mit seinem rumpelnden Karren durch das Gedränge von Menschen und Schweinen. Dann waren sie in der Stadt und bogen sogleich von der gepflasterten Hauptstraße ab, um sich seitwärts an der Mauer zu halten. Hier sah es jetzt fast wie im Nachbardorf aus: die Häuser waren klein, aus Fachwerk gebaut, stroh- und brettergedeckt. Nur standen sie so dicht beieinander, daß gerade das Regenwasser zwischen ihnen einen Schlupf fand. Der Oberstock war meist etwas vorgezogen, die schmale Gasse wurde dadurch nach oben noch enger. Über den Eingängen der Häuser hingen gemalte Schilder, die den Namen des Hauses anzeigten: Zur Linde, Zum weißen Roß, Zum Vogelbauer, Zur Rose, Zum roten Stiefel.

Martin hatte nicht viel Zeit, sich umzusehen, die Mutter drängte; und so schob er seine Karre durch den Gassenschmutz, über Sandhaufen, Steine und Bretter, mit denen sich die Bürger ihren Weg gangbar gemacht hatten. In den Ecken und Winkeln dampften die Misthaufen.

Die Bauern bauten ihre Stände an der Stadtmauer auf – der Markt selbst war den Bürgern vorbehalten. Die Mutter hatte ihren festen Platz zwischen den anderen. Dort stellte Martin die Karre quer vor sie hin, legte ein Brett darüber, das ihr als Tisch diente, und half ihr schnell, die Waren auszupacken und bereitzulegen. Dann gab ihn die Mutter frei, nur von Zeit zu Zeit sollte er wieder nach ihr sehen. Vergnügt sprang er in das Gewirr der Gassen zum Markt hin.

Auf dem Markt

Wirtshausbeschriftung in Freiburg

Der Markt war voller Menschen und Gewühl. Da waren die Stände der Fleischhauer. Sie hatten sich Böcke mit festen Brettern darüber als Verkaufstische aufgestellt. Daneben stand der schwere Hauklotz, auf dem sie die Schinken zerteilten und die Knochen hackten. Neben ihnen hatten die Stadtbäcker ihren Stand und ein Stück weiter die Fischer, und dann wieder – eine jede Gruppe geschlossen für sich – die verschiedenen Arten der Schmiede: die Scherenschmiede, Feilenhauer und Schwertfeger. Da waren die Lederarbeiter: die Riemer, Sattler und die Beutler, welche Handschuhe und zierliche Taschen für die Stadtfrauen machten. Da waren die Feinschuster mit den Schnabelschuhen aus buntem Leder und auch die Flickschuster. Da waren schließlich die Glaser, die schönste Bilder aus buntem Glas fügten. Die Gewandschneider und Tuchhändler als die Vornehmsten der Stadt hatten ihre Stände im unteren Saale des Rathauses selbst.

Gerade wollte Martin dort hinüberschlendern, da gab es einen kleinen Auflauf. Der Marktbüttel führte eine schimpfende, heulende Bäuerin mit sich zur Gerichtslaube am Rathaus, wo der Marktrichter mit dem Schreiber saß. Die Leute johlten und drängten nach, und Martin ging eilends mit.

Pranger in Celle. Das „dicke Eisen“ wurde um den Hals geschlossen.

Eine dichte Menschenmenge stand schon vor den Schranken der Laube, aber der Junge zwängte sich durch, bis er ganz vorn stand. Der Richter waltete bereits seines Amtes. Zwei Frauen standen vor ihm, die sich beim Kirchgang in der Früh gezankt hatten. Der Richter machte kurzen Prozeß: dreimal sollten sie – heute, morgen und übermorgen – unter Vorantritt des Büttels barfuß einen Besen um die Kirche tragen. An die Schande würden sie dann immer denken, wenn sie wieder Lust bekommen sollten, sich zu zanken.

Das Volk sparte nicht mit schadenfrohen Zurufen. Aber es wurde gleich wieder ruhig. Jetzt verhandelte der Richter gegen die Bauersfrau. Sie hatte Butter verkauft, aber alle ihre Stücke hatten weniger gewogen, als es die Preis- und Marktordnung des Rates vorschrieb. Nun wurde sie während des ganzen Marktes an den Pranger gestellt. Der Büttel führte sie zu der dicken Holzsäule, die an der Ecke des Rathauses stand, schloß Hände und Füße mit eisernen Ketten an und legte ihr auch noch ein dickes Eisen um den Hals. So mußte sie bis zum Ende des Marktes stehen. Die Frau weinte, aber sie konnte sich ja die Tränen nicht abwischen, und die Leute standen lachend um sie herum. Nun tat sie Martin doch leid, er wandte sich schnell ab und lief zum Holzmarkt.

Da lagen Leitern, Fässer, Wannen, Löffel, Quirle und Stiele. Daneben hatten die Töpfer ihr Geschirr auf Stroh ausgelegt: Tonkrüge, Teller und Schüsseln. Wenn die Leute etwas kaufen wollten, klopften sie immer erst mit dem Finger an das Gefäß, ob es auch ganz sei. Überall blieb Martin stehen, wo ein paar Leute beisammen waren und handelten.

Auf dem nebenstehenden Bild tagt im Hintergrund das Marktgericht. Der Marktrichter sitzt mit seinen Schreibern in einer Rathauslaube. Der Angeklagte, vom Stadtbüttel vorgeführt, steht mit dem Hute in der Hand vor ihnen. Vorn auf dem Bild wird der Viehmarkt gezeigt. Die beiden Männer links schließen ein Kaufgeschäft durch Handschlag ab. Ob es um den Kauf des Schweines geht, das der Junge am Hinterlauf festbindet?

Hier ist ein Marktgeschehen in Augsburg dargestellt – um 1550 im Winter. So ähnlich aber sahen Märkte des Mittelalters überall in Deutschland und Europa aus! Das Bild „erzählt" eine Vielzahl von Einzelheiten (Marktplatz, Handelsgüter, Marktbuden am Rathaus, Stände der Handwerker, Transportmittel, Verkehrsmittel, Kleidung, Marktgeschehen, bäuerliche und städtische Bevölkerung, reiche und arme Stadtbewohner usw.).

Diesen Wiegemeister der Stadt Nürnberg hat ein Steinmetz 1497 in Sandstein gehauen. Ein großer, gut verschnürter Ballen wird gewogen, damit der Zoll berechnet werden kann. Der Gehilfe setzt die Gewichte. Kennst du das Wort: Jemand muß „tief in die Tasche greifen“? Betrachte den Kaufmann und beachte auch sein Gesicht!

Der Roland am Rathaus in Nordhausen. Rolandsfiguren waren das Wahrzeichen einer freien Reichsstadt mit eigener Gerichtsbarkeit.

Gleich um die Ecke war der Viehmarkt. Hier ging es lustig zu. Ein Mann hatte ein Schwein gekauft, aber bevor er noch am Strick fassen konnte, der um ein Hinterbein gebunden war, riß es aus und lief quiekend in die Gasse hinein.

Dann stand Martin vor dem Tisch eines Geldwechslers. Auch dieser hatte zu tun, denn es gab vielerlei Geld im Lande: gute Silberpfennige mit dem Braunschweiger Löwen, Hildesheimer und Goslarsche Pfennige, Meißner Groschen, Schillinge aus Lübeck, Frankfurter Heller und Bremer Groten. Meist war es Kleingeld, das er wechselte. Aber einmal sah Martin auch einen Goldgulden; er wurde sorgsam geprüft und auf einer kleinen Waage gewogen. Neben dem Wechsler hatte sich ein Schreiber an einem kleinen Tisch mit Pergamentblättern, Tintenfaß und Federn niedergelassen.

Vor der großen Waage traf Martin auf den Kaufmannszug, der am Morgen am Stadttor gestanden hatte. Einer von den Planwagen war abgeladen worden. Die Knechte stellten große Tuchballen und Säcke auf die Waage. Der Wiegemeister setzte die Gewichte, und der Kaufherr rechnete mit dem Schreiber zusammen, was er dem Rate der Stadt an Zoll zu zahlen hatte. Gern hätte Martin in einen der Ballen hineingeguckt, aber der war ringsum vernäht und versiegelt. Nur einen Haufen Pelze konnte er noch erspähen, der gerade durch einen Toreingang getragen wurde.

Dann war die Mutter fertig. Zufrieden steckte sie ihre Silberlinge in die kleine Geldkatze. Martin schob den Karren heimwärts.

Auch der übrige Marktbetrieb in der Stadt hörte auf; die rote Fahne am Rathaus wurde eingezogen. Als die Dunkelheit hereinbrach, schlossen die Wärter die Tore, und der Nachtwächter nahm seine Runden durch die Gassen der Stadt auf.

Ein Geldwechsler in seinem Hause. Mit großer Sorgfalt prüft er die vor ihm liegenden Münzen und wiegt sie auf der Goldwaage, die er in der linken Hand hält. Der Maler hat viele Einzelheiten in diesem schönen, um 1500 entstandenen Bild festgehalten. Im Hohlspiegel vorn auf dem Tisch spiegelt sich das Fenster des Raumes und darin die Häuser der Straße! Auch wie die Menschen damals wohnten und sich kleideten, zeigt unser Bild. Ob dieser Geldwechsler wohl ein reicher Bürger war?

Geld, Preise und Löhne

Wie du weißt, hatten die Menschen schon im Altertum das Geld erfunden. In der Völkerwanderungszeit aber ging die Kenntnis dieses Zahlungsmittels verloren. Erst im Reich der Franken, besonders unter Karl dem Großen, kam wieder Geld aus Silber (und später auch aus Gold) in Gebrauch.

Zuerst gab es nur königliche Münzwerkstätten. Später erhielten manche Städte das Recht, eigene Münzen zu prägen. Es gab nicht nur „vielerlei Geld im Lande“, sondern auch gutes und schlechtes Geld: manche Münzen waren aus weniger Silber hergestellt worden, als es eigentlich sein sollte. So kam es, daß die Münzen nicht nur gezählt, sondern vor allem *gewogen* wurden.

Arbeitsvorschlag

Über Preise und Löhne in Straßburg 1480 unterrichtet dich die nachfolgende Tabelle. Hier kannst du mancherlei berechnen.

Preise und Löhne in Straßburg (1480)

1 Gulden = 12 Groschen
= 144 Pfennige

10	Eier	2 Pfennige
1 Pfund	Butter	9 Pfennige
1 Pfund	Hammelfleisch	2 Pfennige
1	Muskatnuß	3 Pfennige
1	vornehmes Kleid	10 Gulden

1 Tagelöhner		
	in Kost tägl.	7 Pfennige
	ohne Kost tägl.	1 Groschen
1 Holzhauer		
	in Kost tägl.	1 Groschen
	ohne Kost tägl.	1½ Groschen
1 Zimmermann oder Maurer		
	in Kost tägl.	1½ Groschen

Die Bauten der Bürger

Wer mit offenen Augen durch unsere Städte geht, der wird in vielen noch Zeugnisse aus dem Mittelalter entdecken können. Die anschaulichsten sind die großen Bauten der mittelalterlichen Bürger: die Kirchen und Dome, aber auch die Rathäuser.

Kirchen und Dome

Kirchen und Dome waren Bauten, um Gott zu verherrlichen. Sie waren Ausdruck der Frömmigkeit. Sie waren aber auch Ausdruck des Ehrgeizes der Bürger: Hier wetteiferten die Städte miteinander, wer den schönsten Bau und den höchsten Turm erstellen konnte. Die Bauarbeiten zogen sich über Jahrhunderte hin. Immer neue Generationen bezahlten oder schleppten Steine und Mörtel. Tüchtige Baumeister leiteten nacheinander die Bauarbeiten. Jeder Stein mußte von weither herbeigeschafft, mit der Hand bearbeitet und mühsam auf den Bau gebracht werden. Tausende von namenlosen Steinmetzen und Zimmerleuten haben hier Zeugnisse ihres Fleißes und Könnens hinterlassen!

Die Rathäuser

Als die Städte im Mittelalter immer bedeutender wurden, diente ihre Bautätigkeit nicht mehr der Religion allein. Bauten für den Rat der Bürger, die „Rathäuser“, wurden jetzt Ausdruck der Selbstdarstellung.

Das Rathaus war das Hauptgebäude am Markt, höher und schöner mußte es sein als alle Bürgerhäuser. Jahrzehnte wurde daran gebaut, und im Laufe der Jahrhunderte wurde die Ansichtsseite immer prächtiger umgestaltet.

Arbeitsvorschläge

1. Stelle fest, wann das Rathaus und die Kirche in deinem Heimatort (oder Stadtviertel) erbaut wurden!
2. Liste auf, wie sich die Bauarbeiten damals und heute unterscheiden! Vergleiche sie auch mit dem Bau der Pyramiden! Warum können sie sich über Jahrhunderte hingezogen haben?
3. Wo gibt es heute den Ehrgeiz, das höchste Gebäude in einer Stadt oder in einem Land herzustellen?
4. Sammle Abbildungen von berühmten Kirchen des Mittelalters und ordne sie nach ihrem „Baustil“ den Domen auf der Folgeseite zu!
5. Gib noch einmal mit deinen Worten wieder, warum die Bürger solchen Wert auf den Bau von Rathäusern gelegt haben!

Der Marktgiebel des Rathauses in Stralsund aus dem 14./15. Jahrhundert. Das Rathaus ist im gotischen Baustil errichtet. In einer der Lauben des Erdgeschosses tagte das Marktgericht, wie du es auch auf S. 108 sehen kannst.
In diesem Gebäude wurde 1370 der Frieden von Stralsund abgeschlossen (vgl. S. 117).

Die Baustile des Mittelalters

Bis zum Beginn des 13. Jahrhunderts wurden Kirchen und Dome im *romanischen* Baustil errichtet, wie der oben abgebildete Dom zu Speyer. Dann setzte sich eine andere Art des Bauens durch, der *gotische* Baustil, in dem der unten abgebildete Dom zu Straßburg gebaut wurde. Du kannst die Unterschiede in den Baustilen erkennen, wenn du die Bilder und die Zeichnungen genau betrachtest und miteinander vergleichst. Achte besonders auf die Türme, Fenster und Gewölbe!
Mit den Arbeiten am Dom zu Speyer wurde 1030 begonnen, um 1100 war er fertiggestellt. Seine Türme sind 73 m hoch.
Am Straßburger Dom wurde seit 1200 gearbeitet. Der erste Turm, der eine Höhe von 142 m erreicht, war 1439 fertig. Den Südturm aber, wie ihn die Bauzeichnung daneben zeigt, haben die Straßburger Bürger nie vollendet.

Aus dem Alltag der Bürger im Mittelalter

Eine Straße in Brügge, im heutigen ▷ Belgien, am Ende des Mittelalters. Wer genau hinschaut, erkennt einen Kanal, auf dem ein mit Fässern beladenes Boot liegt. Mit dem großen Drehkran werden die Fässer ausgeladen. Das Rad an der Vorderseite des Krans ist ein Tretrad. Kannst du dir erklären, wie die Last gehoben wird?
Im Vordergrund ist ein schlittenähnliches Gefährt, eine „Schleife", zu sehen, auf der Fässer herangeschleppt werden. Der vornehm gekleidete Mann im blauen Mantel wird ein Kaufmann sein, dem die Weinfässer gehören. Zu welchem Zweck mag er seinem Gegenüber die „Kostprobe" anbieten?
Das Bild erzählt viele Einzelheiten aus dem Leben der Bürger im Mittelalter. Beachte die Häuser, die Straßen, den „Straßenverkehr", das Straßenpflaster, die Menschen, ihre Kleidung! Brügge war eine reiche Handelsstadt!

Kaufleute und Handwerker müssen lesen, schreiben und rechnen können. Mit der Selbstverwaltung der Städte begann auch die Einrichtung von Lese- und Schreibschulen, in denen die Kinder (und viele Erwachsene) unterrichtet wurden. Hier ist ein „Schulmeister" bei der Arbeit in der Schulstube, die sich in seinem Hause befand.
▽

Ladenstraße in einer mittelalterlichen Stadt. Links im Bild arbeiten ein Schneider und sein Geselle. Beachte bitte, wie der Geselle auf dem Tisch sitzt! Rechts bietet ein Apotheker seine Waren an. Weiter hinten ist ein Bader bei der Arbeit. ▷

Im 12. Jahrhundert entstanden die ersten Universitäten in Europa. Unser Bild aus dem 14. Jahrhundert zeigt das Innere eines „Hörsaals". Mädchen durften die Universitäten nicht besuchen, aber es kamen auch ältere Studenten dorthin. Ob wohl alle genau zuhören? ▽

Im Hafen einer Hansestadt. – Diese Darstellung von 1497 gibt viele Einzelheiten wieder.

Lübecker Stadtsiegel von 1256. – Dargestellt sind zwei Kaufleute an Bord einer Hansekogge. Der eine Kaufmann hält das Steuerruder, der andere leistet ihm einen Eid.

Städtebünde und Städte am Ausgang des Mittelalters

Städtebünde

Die sich selbst verwaltenden, die freien Reichsstädte schlossen gegen Ende des Mittelalters vielfach untereinander Bündnisse. Sie richteten sich vor allem gegen die Fürsten, die in dieser Zeit immer mächtiger wurden und die Freiheit der Städte bedrohten. Die Fürsten wollten die freien Städte ihrem Territorium einverleiben, um ihrerseits Nutzen aus deren Handel und Reichtum zu ziehen.

Die Hanse

Auch bei ihren Seefahrten schlossen sich die Kaufleute und Städte zusammen. Zu der Bedrohung durch Räuber auf dem Meer und am Strand kam noch die Rechtlosigkeit im Ausland. So begannen um 1300 herum norddeutsche Kaufleute damit, gemeinsam in ihren Koggen über See zu fahren, gemeinsam zu fischen und sich gemeinsam Stützpunkte und feste Handelsplätze im fremden Land zu erkämpfen. Schließlich entstand daraus ein regelrechtes festes Bündnis zwischen ihnen, das sie die *„dudische Hanse"*, d. h. die deutsche Genossenschaft, nannten. Sie wurde der wichtigste und mächtigste Städtebund des Mittelalters.

Hansekogge

Es gehörten rund 100 Städte zu ihr. Die Hauptorte waren Hamburg, Lübeck, Bremen, Riga, Danzig, Braunschweig und Köln. Auch Binnenstädte wie Breslau und Krakau gehörten dazu. Von Zeit zu Zeit kamen Vertreter der Städte auf gemeinsamen Hansetagen zusammen

Der „Vorort" der Hanse war Lübeck. Durch seine unvergleichlich günstige Lage im südwestlichen Winkel der Ostsee und damit „in der Mitte aller Hansestädte" war es wie keine andere geeignet, in dem so mächtig aufgeblühten Ost-West-Handel die Rolle des Vermittlers und Lenkers zu übernehmen.

Die *Hansetage* fanden überwiegend in Lübeck statt. Hier wurde über alle hansischen Angelegenheiten entschieden, Leben und Handel der Mitglieder in genau umschriebene Regeln gebracht. Wer sich nicht fügte, wurde „verhanst", d. h. von den anderen geächtet.

Aber auch Fragen der Politik nach außen wurden hier entschieden, bis hin zu Entscheidungen über Krieg und Frieden. Denn die Kaufleute gerieten bald in Streit mit fremden Landesherren, wenn sie Interessen im Ausland durchsetzen wollten.
Mächtigster Gegner der Hanse war König Waldemar IV. von Dänemark, zu dessen Reich damals auch Schweden gehörte. Er bestritt den hansischen Kaufleuten ihre Rechte und führte sogar Krieg gegen sie. Er überfiel die mächtige Hansestadt Wisby (Visby) auf der Ostseeinsel Gotland und zerstörte sie bis auf den Grund. Unter Lübecks Führung eroberten die Hansestädte daraufhin seine Hauptstadt Kopenhagen. 1370 mußte Waldemar dann den *Frieden von Stralsund* schließen. Die wichtigste Bestimmung des Friedensvertrages lautete:

Der Lübecker Kaufmann Hans Sonnenschein (1534), daneben das Holstentor in Lübeck, Zeugnis für Macht und Reichtum der Hanse. Es wurde um 1470 erbaut und sicherte den Übergang über die Trave.

Zum ersten mögen alle Bürger, Kaufleute und ihr Gesinde und wer unter ihrem Recht steht, jetzt und in kommender Zeit das Reich Dänemark und das Land Schonen [Südschweden] an allen Enden und Gegenden besuchen und ihr Gut und ihre Waren zu Lande und zu Wasser ungehindert überallhin führen; sie dürfen ungehindert ... Handel treiben; nur müssen sie da, wo es festgesetzt ist, die richtigen Zölle bezahlen. ...

(Nach: Quellen zur Geschichte Schleswig-Holsteins, Teil I, Kiel 1988, S. 70)

Getreidescheffel für Roggen und Hafer (15. Jahrhundert; Bild oben). – Bronzegewichte von der Lübecker Stadtwaage (um 1470)

Am wichtigsten wurde der Schutz der Mitglieder im Ausland. Die Hanse erkämpfte sich befestigte Niederlassungen in Rußland, Skandinavien, Flandern (heute Belgien), England und Westfrankreich. In diesen *Kontoren* gab es Lagerhallen für die Handelsgüter, Büros, Unterkünfte und sogar einen eigenen Gerichtshof. Hier galt allein ihr eigenes Recht. Von hier aus erschlossen die Kaufleute das reiche, ausgedehnte Hinterland.

Um 1400 wandte sich die Hanse gegen die vielen Seeräuber, welche die Ostsee unsicher machten, und brachten sie in ihre Gewalt. Ihre Anführer, Gödecke Michels und Klaus Störtebeker, wurden mit 15 Genossen in Hamburg hingerichtet und ihre Köpfe entlang der Küste auf Pfähle gespießt.

Ende des 15. Jahrhunderts jedoch begann die Macht der Hanse abzubröckeln. Die ausländischen Gegner erstarkten. Schließlich ging mit der Entdeckung Amerikas der Welthandel im 16. Jahrhundert ganz andere Wege. Der Handelsbereich der Hanse verarmte. Der letzte Hansetag fand 1669 statt, nur noch sechs Städte waren erschienen: neben Lübeck, Hamburg und Bremen noch Köln, Braunschweig und Danzig.

Die meisten der Hansestädte wurden von den Landesfürsten vereinnahmt, innerhalb deren Gebiet sie lagen. Nur zwei Städte blieben bis in die Gegenwart hinein „Freie Hansestädte".

So nannte man die wichtigsten Hansestädte:

Lübeck – ein Kaufhaus,
Hamburg – ein Brauhaus,
Köln – ein Tuchhaus,
Lüneburg – ein Salzhaus,
Braunschweig – ein Zeughaus,
Magdeburg – ein Backhaus,
Rostock – ein Malzhaus,
Stettin – ein Fischhaus,
Danzig – ein Kornhaus,
Krakau – ein Kupferhaus,
Riga – ein Hanf- und Butterhaus,
Reval – ein Wachs- und Flachshaus,
Wisby – ein Pech- und Teerhaus

Arbeitsvorschläge

1. Auf der Stecktafel kannst du mit deinen Klassenkameraden eine „Hansekarte“ herstellen, welche die wichtigsten Hansestädte, -märkte und -wege verzeichnet! Setze für die Städte deren Wappen ein!
2. Für den Seeweg von Lübeck nach Danzig benötigte eine Hansekogge ungefähr 4 Tage. Sie transportierte dabei etwa 120 t Ladung. Ihre Besatzung bestand aus 25 Seeleuten. Für den gleichen Landweg benötigte ein Planwagen mindestens 14 Tage. Seine Ladung umfaßte kaum mehr als 2 t. Zu jedem Fuhrwerk gehörte ein Fuhrmann; ein „Geleit“ von mehreren Fuhrwerken wurde außerdem noch von bewaffneten Knechten begleitet.
Hier kannst du vieles rechnen und vergleichen!
3. Prüfe bitte, ob du die Bezeichnungen der Hansestädte (z. B. „Lüneburg – ein Salzhaus“) auf der Karte bestätigt findest!
4. Stelle fest, welche beiden deutschen Städte heute noch selbständige „Freie Hansestädte“ sind!
5. Lies in anderen Geschichts- und Geschichtenbüchern über die Hanse nach!
6. Orientiere dich auch in deinem Atlas über den Wirtschaftsraum der Hanse! Welche Staaten umfaßt dieser Raum heute?
7. Wenn du die Beinamen für die einzelnen Hansestädte prüfst, so findest du eine Anzahl der hansischen Handelsgüter! Welche dieser Güter haben heute keine besondere Bedeutung mehr?
8. In den Wappen der Hansestädte tauchen immer wieder bestimmte Sinnbilder, „Symbole“, auf. Stelle zum Beispiel fest, welche Tierarten immer wieder verwendet werden! Wo sind dir diese Tiere bereits als Sinnbilder begegnet?

LÜBECK

KÖLN

BRAUNSCHWEIG

ROSTOCK

DANZIG

RIGA

WISBY

BREMEN

HAMBURG

LÜNEBURG

MAGDEBURG

STETTIN

KRAKAU

REVAL

Bilder aus deutschen Hansestädten heute

Der Alte Hafen in Wismar (Bild oben) vermittelt noch einen Eindruck von der stolzen Vergangenheit der Stadt und der Stimmung eines Hafenbeckens der Hansezeit. – Auch die Bauten reicher Bürger am Marktplatz von Greifswald gehen auf die Hansezeit zurück (Bild Mitte).

Über die Krämerbrücke in Erfurt (Bild rechts) führte eine wichtige Ost-West-Handelsstraße. Sie ist beiderseits mit Häusern bebaut. in denen ebenfalls Kaufleute wohnten.

Gegen Ende des Mittelalters gibt es in Deutschland etwa 3000 Städte, in denen 1,2 bis 1,6 Millionen Menschen leben.

Von den 3000 Städten aber haben etwa 2800 nur 100 bis 1000 Einwohner, und manches Dorf ist größer als die benachbarte Stadt.

In welchen Bundesländern oder in welchen Staaten außerhalb der Bundesrepublik Deutschland liegen diese Städte heute?

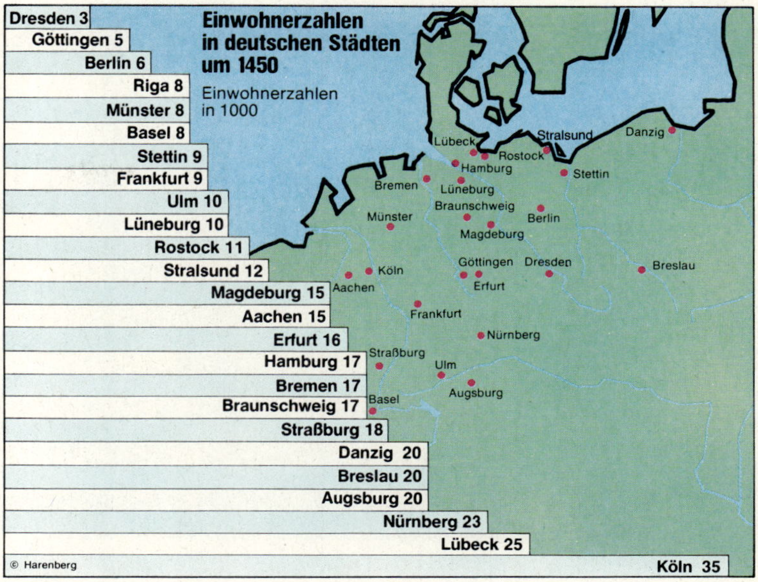

Wir merken uns

Der Staat des Mittelalters war ein Lehnsstaat, der von den Bindungen zwischen Lehnsherr und Lehnsmann bestimmt wurde.

Aus den Reiterkriegern entwickelte sich der Ritterstand mit einer eigenen Kultur.

Die Bauern des Mittelalters waren von ihren Grundherren abhängig. Frondienste und Abgaben bestimmten das Leben der Hörigen. Durch die Arbeit der Bauern wurden im Mittelalter weite Landgebiete urbar gemacht, wurde aus der Urlandschaft eine Kulturlandschaft.

Nach der Bekehrung zum Christentum entstanden in Europa die Klöster als Stätten des Gebets und der Arbeit, aber auch der Wissenschaft und der Kunst. Die Verweltlichung des Klosterlebens ließ neue Mönchsorden entstehen, zum Beispiel die Zisterzienser.

Im Mittelalter entwickelten sich allmählich wieder Anfänge städtischen Lebens in der Form von Kaufmanns- und Handwerkersiedlungen. Ihre Bewohner errangen gegenüber den Stadtherren die Selbständigkeit. Aber nur die Patrizier und später auch die Zünfte stellten die Stadtregierung, den Rat. Kennzeichen der Städte waren der Markt, die Stadtmauer sowie die großen Bauten: Rathäuser und Dome.

Die Grundlage des Reichtums der freien Städte war der Handel. Zum seinem Schutz bildeten sich verschiedene Städtebündnisse, vor allem die Hanse.

Die Bremer Hansekogge. Ein Bericht aus unseren Tagen

Der Fund

Am 9. Oktober 1962 arbeitete ein Baggerschiff in der Weser daran, eine weit in das Wasser hineinragende Landzunge abzubauen. Gegenüber dem Bremer Europahafen sollte das Flußbett erweitert, die Schiffahrt erleichtert werden.

Plötzlich stieß der Bagger unter 3–4 m hohen Sandmassen auf ein hölzernes Schiffswrack. Ein sofort herbeigerufener Sachverständiger erkannte auf den ersten Blick, welchen einzigartigen Fund die Baggerleute hier gemacht hatten. Es war der Rumpf einer Hansekogge, wie man sie bisher nur von Siegeln aus dem späten Mittelalter kannte! Die Baggerarbeiten wurden abgebrochen; Wissenschaftler gingen daran, den 23 m langen und fast 8 m breiten Schiffsrumpf aus den Sandmassen zu bergen, die ihn über Jahrhunderte geschützt und bewahrt hatten.

Die Bergung

Das war eine denkbar schwierige Aufgabe. Der größere Teil des Rumpfes steckte tief im Sand und war ständig von Weserwasser bedeckt. Die Planken waren nur noch locker verbunden, Nägel und Dübel lose oder herausgefallen. Die durch Ebbe und Flut entstehenden Strömungen konnten die jetzt freiliegenden Teile des Schiffskörpers auseinanderreißen. Und der Winter war nahe. Damit drohte Eisgang auf der Weser.

Was bei Ebbe aus dem Wasser herausragte, konnte verhältnismäßig rasch geborgen werden. Taucher leisteten die weitere Notbergung, aber sie waren in dem trüben Wasser allein auf ihren Tastsinn angewiesen. Erst 1965 konnte ein neu in Dienst

Bild oben: Wie die Kogge am 9. Oktober 1962 im Strombett der Weser gefunden wurde. Im Hintergrund Anlagen des Europahafens von Bremen. – Bild rechts: Von einem über dem Wrack festgemachten Schwimmkörper aus versucht ein Taucher, Einzelteile des Wracks zu bergen. Die unterschiedlichen Streifen bezeichnen den Wasserspiegel bei Ebbe und Flut.

Der Wiederaufbau der Hansekogge von 1380 in einer Halle des Deutschen Schiffahrtsmuseums zu Bremerhaven ▷

gestelltes „Taucherglockenschiff" zur weiteren Bergung eingesetzt werden. Von diesem Spezialschiff aus wurde eine Taucherglocke auf die Stromsohle abgesenkt. Diese 110 t schwere Glocke überdeckte eine Fläche von 4 m × 6 m und ließ sich durch Luftüberdruck wasserfrei halten. In ihr konnten die Wissenschaftlerinnen und Wissenschaftler mit ihren Helfern arbeiten. Meter für Meter suchten sie die Stromsohle nach Einzelteilen der Kogge ab, indem sie die Glocke immer wieder versetzten. Das war eine unerhört mühsame Arbeit tief in Sand und Schlick. Aber Fund für Fund konnte geborgen werden, Suchgeräte fanden selbst einzelne Nägel und Ösen!

Der Wiederaufbau

Viele hundert Einzelstücke wurden so geborgen, und aus ihnen sollte das Schiff wieder erstehen. In einer Halle des Deutschen Schiffahrtsmuseums zu Bremerhaven begann 1972 der Wiederaufbau, und er verlangte wiederum sehr viel von den Beteiligten. Damit die Schiffshölzer nicht austrocknen und schrumpfen konnten, mußte bei hoher Luftfeuchtigkeit und häufig in Sprühnebeln gearbeitet werden. So wurden die Schiffshölzer mit einem Gesamtgewicht von 45 t wieder in die ursprüngliche Form gebracht. Im Frühjahr 1979 stand das fertige Schiff in der Halle des Museums – 600 Jahre nach seinem Bau. Spezialisten hatten nämlich inzwischen festgestellt, daß das Schiff aus dem Jahr 1380 stammte.

△
Im Schlick der Weser fanden sich nicht nur Eisennägel und Ösen, sondern auch Werkzeuge und der Schuh eines Schiffszimmermanns!

Doch noch ist die Arbeit nicht abgeschlossen. Für etwa 20 Jahre muß die Kogge in einem riesigen Becken voller Konservierungsflüssigkeit gehalten und anschließend ganz langsam getrocknet werden. Erst danach – vielleicht im Jahre 2000 – wird man sie als das bedeutendste Ausstellungsstück des Deutschen Schiffahrtsmuseums in Bremerhaven ungehindert besichtigen können.

4 Zwischen Mittelalter und Neuzeit

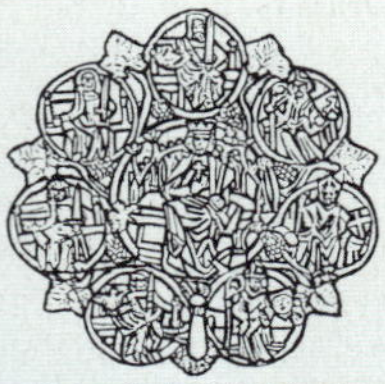

1200 1300 1400 1500

Landesausbau in Mitteleuropa

Die Unterwerfung der Elb- und Ostseeslawen

◁ *Bauern bei der Feldarbeit. – Der Maler Hans Wertinger schuf diese Darstellung bäuerlicher Herbstarbeiten um das Jahr 1525. Sie zeigt anschaulich Tätigkeiten im Rahmen der damaligen Dreifelderwirtschaft: das Umpflügen der Stoppeln des Sommergetreides, das Einsäen des Winterkorns und (hinten rechts) das Eggen der Brache. Im Hintergrund zwei weitere bäuerliche Arbeiten: Obsternte und Viehweide.*

Arbeitsvorschläge

1. Informiere dich mit Hilfe des Registers noch einmal über die Einwanderung der Slawen in das Gebiet zwischen Elbe/Saale und Oder! Orientiere dich beim Weiterarbeiten auch auf der Karte S. 41, z. B. über die Siedlungsgebiete der einzelnen Slawenstämme!
2. Arbeite dich bitte in die vorstehende Karte ein! Wo verlaufen Elbe/Saale und Oder? Welche allgemeinen Feststellungen kannst du über die Besiedlung des Gebietes zwischen diesen Flüssen um 1500 treffen? – Wie es dazu zwischen 700 und 1500 gekommen ist, wollen wir nunmehr gemeinsam verfolgen.

Die Slawen und das Frankenreich

In der Zeit Karls des Großen verlief die Grenze gegenüber den slawischen Siedlungsgebieten etwa entlang Elbe und Saale. Vorstöße der Franken über diese Flüsse hinweg dehnten den fränkischen Einfluß im Slawenland aus. Auch hier entstanden *„Marken“* (vgl. S. 43). *Markgrafen* kontrollierten und sicherten sie.

Insgesamt aber war die Zeit Karls des Großen eher von friedlicher Begegnung bestimmt. Grenzorte wie Magdeburg, Halle und Erfurt erlangten erstmals Bedeutung. Von hier aus zogen Packpferde und Ochsenkarren durch das Slawenland. Aus Holzplanken gefertigte Boote, die bereits mehrere Tonnen Ladung befördern konnten, befuhren die Ostsee und die Flüsse.

Aus den slawischen Gebieten wurden vor allem versklavte Menschen (Gefangene und Geraubte) ins Frankenreich gebracht. Pferde, Pelze und Häute, Wachs und Honig waren wichtige Handelsprodukte. Dazu kamen die Waren, die geschickte slawische Handwerker herstellten.

Wie die Slawen lebten

Archäologen aus Schwerin haben zwischen 1973 und 1980 einen ehemaligen Siedlungsplatz der *Obodriten* im heutigen Mecklenburg freigelegt. Dabei machten sie fast 100 000 Einzelfunde, die Auskunft geben, wie die Bewohner lebten und arbeiteten.

Auf einer flachen Insel im Sternberger Binnensee fanden sie einen kreisrunden Burgwall von 50 m Durchmesser. Diese Insel war durch eine etwa 100 m lange und 3 m breite Brücke mit dem Festland verbunden (Bild S. 128). Hier setzte sich die Brücke als ein 65 m langer Bohlenweg fort – die „Hauptstraße“ einer Siedlung mit mindestens 33 Häusern, von denen jedes etwa 16 m^2 groß und wahrscheinlich von 5–6 Menschen bewohnt war.

Im Handel zwischen dem Frankenreich und den Slawen wurden wohl die ersten „Container“ benutzt. Dies waren Wagenkästen, die beim Landtransport mit Seilen am Wagengestell festgezurrt wurden (Bild unten). Für den Seetransport konnte man sie einfach abnehmen und auf ein Boot umladen! – Waren sie für den Warentransport nicht mehr so recht benutzbar, wurden sie als Sarg verwendet. Und so hat man ihre Reste in Gräbern gefunden.

Diese Zeichnung zeigt, wie die slawische Siedlung von Groß Raden im 10. Jahrhundert ausgesehen hat. Die Häuser waren regelmäßig an beiden Seiten des Bohlenwegs angeordnet. Ein Flechtzaun schützte die Siedlung.

Aus den Bodenfunden konnten die Archäologen erschließen, daß hier vor allem Handwerker gewohnt hatten: Drechsler und Zimmerleute, Metallgießer und Schmiede, Schuhmacher und Kammacher, Korbmacher und Fischer.

Tausende von Tierknochen ließen erkennen, daß das Schwein das wichtigste Haustier war, daß aber auch Rehe, Elche und Bären gejagt wurden. Der Binnensee lieferte Hechte und andere Fische.

Innerhalb des Burgwalls wurde wahrscheinlich auch der Markt für einen größeren Stammesverband abgehalten. Ebenso wurden hier wohl auch religiöse Feste gefeiert, denn freigelegte Gebäudereste deuten auf einen Tempel, in dem Priester lebten. Im Kriegsfall konnten die Bewohner der Siedlung sich auf diese Insel zurückziehen, die Platz für mehrere hundert Menschen bot.

Seit 1983 entsteht hier – bei Groß Raden – ein Freilichtmuseum.

Blick auf das Freilichtmuseum von Groß Raden heute. Den Burgwall aus Erde schloß ein hölzerner Wehrgang ab. Der einzige Eingang war durch einen Torturm gesichert.

Unterwerfung und Erhebung im 10. Jahrhundert

In der Zeit der sächsischen Kaiser (vgl. S. 50) drangen deutsche Fürsten und Ritter weiter im dünnbesiedelten Slawenland vor. Burgen wurden an wichtigen Plätzen errichtet, von denen aus die Herrschaft über die umliegenden Siedlungen gesichert werden sollte. Meißen entstand um eine solche *Zwingburg*.

Zäh verteidigten die slawischen Stämme ihre Unabhängigkeit. Wurden sie dennoch unterworfen, so erhoben sie sich wieder, sobald der Druck auf sie etwas nachließ.

Parallel zur Unterwerfung lief die *Missionierung* der Slawen, die Bekehrung zum Christentum. Um sie zu organisieren, setzte Kaiser Otto I. beim Papst durch, daß Magdeburg 968 Sitz eines Erzbischofs wurde. Sein Amtsbezirk *(Erzbistum)* sollte alle neuen Bischofssitze östlich von Elbe und Saale umfassen: Brandenburg und Havelberg, Meißen, Merseburg und Zeitz.

Entsprechend dieser neuen Bedeutung wurde direkt am Hochufer der Elbe ein *Dom* (so nennt man die Kirche eines Erzbischofs oder Bischofs) errichtet. Seine Pracht rühmten bereits die Zeitgenossen. Ähnlich wie für Aachen holte man dafür kostbare Marmorsäulen aus Italien.

Die Missionierung der Slawen verlief oft gewaltsam und grausam. Schließlich kam es zu einem schweren Gegenschlag: Ein großer *Slawenaufstand* vertrieb 983 die Eindringlinge aus Burgen und Bischofssitzen zwischen Elbe/Saale und Oder. Nur im Gebiet der Sorben konnte sich die deutsche Herrschaft halten.

Die endgültige Unterwerfung

Im Verlauf des 12. Jahrhunderts aber fiel dann die Entscheidung zugunsten der deutschen Fürsten.

Mecklenburg und Pommern

Im Norden war es der Sachsenherzog *Heinrich der Löwe,* dessen Ritterheer in mehreren Schlachten den mächtigsten Slawenstamm, die *Obodriten,* endgültig unterwarf. Heinrich der Löwe dehnte so seine Macht über ganz *Mecklenburg* bis nach Vorpommern hinein aus. *Schwerin* wurde Mittelpunkt dieses Herrschaftsgebiets. Der Obodritenfürst *Pribislaw* erhielt 1167 Mecklenburg von Heinrich zum Lehen.

Der Dom von Magdeburg heute. – Der ottonische Bau brannte bereits 1207 ab. An gleicher Stelle entstand im 13. Jahrhundert ein Nachfolgebau, der bis heute die Altstadt von Magdeburg überragt.

Weithin sichtbar ragt der Burgberg von Meißen über der Elbe auf. Hier lag der Anfang des heutigen Landes Sachsen! Ein Neubau aus dem 15. Jahrhundert (im Vordergrund) hat die alte Zwingburg ersetzt. Dahinter erheben sich die Türme des Meißener Doms im gotischen Baustil (um 1270 begonnen).

Seine Nachkommen herrschten hier bis zum Jahre 1918 (seit 1348 als *Herzöge* von Mecklenburg). – Auch der Pommernfürst *Bogislaw* hatte 1163 die Oberhoheit Heinrichs anerkannt; sein Land wurde 1181 deutsches Lehen.

Brandenburg

Im Gebiet zwischen Sorben und Obodriten stand ein Graf von Ballenstedt, *Albrecht der Bär*, am Beginn der endgültigen Entscheidung. Im Einvernehmen mit Kaiser Lothar hatte er bereits seit 1134 Eroberungszüge in das Land der *Heveller* vorgetragen. Der Mittelpunkt dieses Landes, der Ort Brandenburg, wurde 1157 von ihm erobert. Von nun an bezeichnete sich Albrecht als *Markgraf von Brandenburg*, und er setzte es durch, daß sein Herrschaftsgebiet an seine Nachkommen vererbt werden konnte. Er wurde so der erste Landesherr der Mark Brandenburg. Seine Nachfolger vergrößerten ihr Herrschaftsgebiet und errangen die Kurfürstenwürde (S. 143).

Sachsen

Im Gebiet der *Sorben* übertrug Kaiser Lothar einem Grafen Konrad von Wettin 1123 das Land um Meißen, 1136 die Lausitz. Die Nachkommen des Grafen Konrad, die *Wettiner*, wurden über fast 8 Jahrhunderte die *Landesherren* dieses weiten Gebiets um Meißen und Leipzig, Dresden und Chemnitz: *des „neuen“ Sachsen.* Der letzte Wettiner, inzwischen *König* von Sachsen, räumte im November 1918 seinen Thron.

Arbeitsvorschläge

1. Unterscheide bitte: In der frühen deutschen Geschichte gab es ein *Stammesherzogtum* der Sachsen, dessen Gebiet etwa das heutige Niedersachsen, Westfalen und später auch die Altmark umfaßte. Das „neue“ Sachsen war das *Herrschaftsgebiet von Landesfürsten* (der Wettiner) und entstand auf dem Gebiet der ehemaligen sächsischen Marken. – Schlage dazu bitte noch einmal die Karte S. 49 auf und informiere dich auch schon auf S. 138!
2. In allen vorgenannten Fällen endete die Herrschaft der Landesfürsten abrupt 1918. Versuche, den Grund dafür herauszufinden!

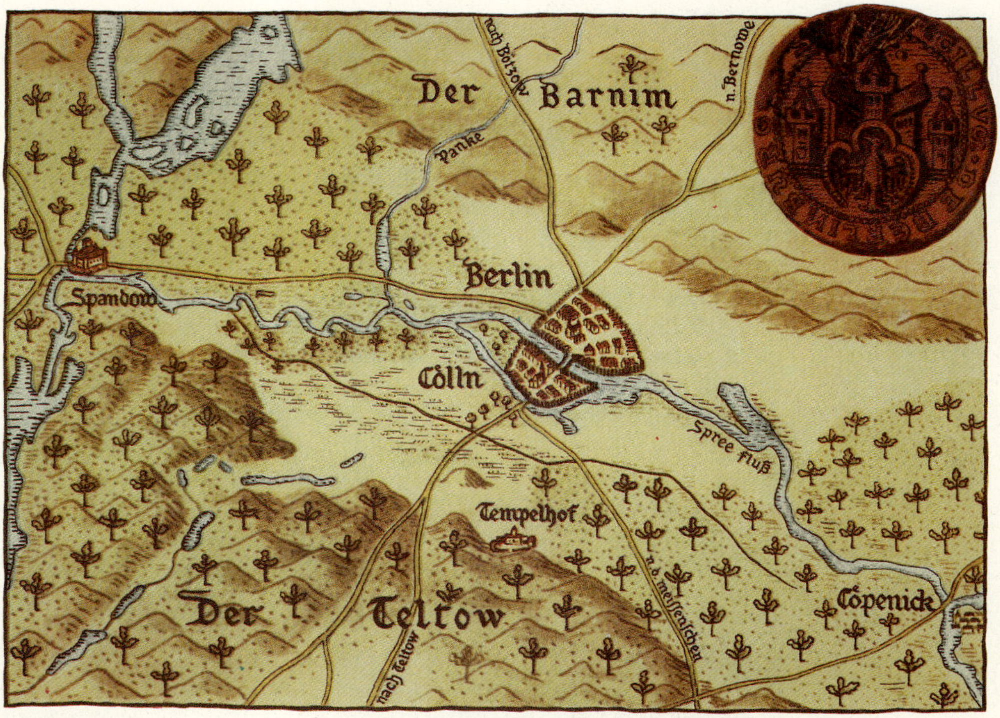

Die Anfänge Berlins sind auf diesem Kartenbild rekonstruiert worden. Auf die Zeit der slawischen Besiedlung geht ein Fischerdorf mit dem Namen „Cölln" zurück Es lag im Herzen des heutigen Berlins, etwa dort, wo heute der Dom steht. Noch immer umschließen zwei Flußarme der Spree diese Insel.

Gegenüber entstand – wohl bereits lange vor 1200 – ein kleiner Ort mit dem Namen „Berlin". Diese Doppelsiedlung, bald durch eine Brücke verbunden, schloß sich zusammen und erhielt 1237 das Stadtrecht. Bald wurde sie zu einem wichtigen Mittelpunkt des Handels zwischen Ost und West im Spätmittelalter.

Um 1450 warf der Kurfürst von Brandenburg das Wahrzeichen der freien Stadt, den Roland, in die Spree und zwang die Stadt, sich ihm zu unterwerfen. Danach wurde Berlin die Hauptstadt der Mark Brandenburg.

Die Abbildung links zeigt das älteste Stadtsiegel Berlins (1257).

Die Besiedlung

Die Siedler

Um ihre Herrschaft zu sichern und ihre Einnahmen zu vergrößern, holten die Fürsten Bauern aus dem Westen in das Land zwischen Elbe/Saale und Oder, die den Boden bebauen und Siedlungen anlegen sollten.

Diese Menschen kamen aus allen Teilen des Reiches, aus Flandern und Holland, aus Friesland und Westfalen, aus dem Lande der Franken und aus Thüringen. Sie erhielten altes slawisches Siedlungsland. Häufiger aber noch rodeten sie Waldstücke und machten diese zu Acker- und Weideland. Andere begannen, Flußniederungen trockenzulegen und Sumpfgebiete zu entwässern. Das waren vor allem holländische Ansiedler, die dafür aus ihrer Heimat Erfahrungen mitbrachten.

Orte, die durch Rodung entstanden, erkennt man häufig noch heute an ihren Namen. Sie enden auf -rode oder -rade, aber auch auf -brand oder -busch, -schlag oder -hau.

Doch nicht nur Bauern zogen nach Osten, sondern auch Kaufleute und Handwerker. Sie gründeten Städte. Diese dienten als Märkte für das Umland, aber auch als Ausgangspunkte für den Fernhandel mit den östlich gelegenen Gebieten. Die Landesherren förderten die Gründung von Städten sehr, weil sie von ihnen Zölle und Steuern erheben konnten. So entstanden seit dem 12. Jahrhundert Städte wie Schwerin (1160), Rostock (1218), Dresden (1221) und Greifswald (1250). Auch die Anfänge Berlins gehen in diese Zeit zurück.

Nach Osten zogen schließlich auch Mönche, die Klöster gründeten und Einöden in fruchtbares Land verwandelten. Orientiere dich noch einmal auf der Karte S. 89 über die Ausbreitung der Zisterzienser!

Neue Volksgruppen entstehen

Allmählich wurde aus dem Nebeneinander der slawischen Altbewohner und der deutschen Neueinwanderer ein Miteinander. Slawische und deutsche Adlige heirateten untereinander. In den Städten arbeiteten deutsche und slawische Handwerker gemeinsam. Auch auf dem Lande ging die slawische Bevölkerung mehr und mehr in der deutschen auf.

So entstanden Volksgruppen mit einem neuen, eigenen Zusammengehörigkeitsgefühl: die Mecklenburger und die Pommern, die Brandenburger und die „neuen Sachsen“.

Die Sorben

Mit der Vermischung der Bevölkerungsteile verschwanden langsam die slawischen Sitten und Bräuche. Auch die Zweisprachigkeit endete in den elbslawischen Gebieten fast überall mit dem Mittelalter. Nur im Wendland wurde noch bis in das 17. Jahrhundert slawisch gesprochen, und in der Lausitz beherrschen noch heute etwa 50 000 bis 100 000 Menschen eine slawische Sprache: das Sorbische.

Die *Sorben* im Gebiet der Lausitz pflegen das Sorbische als Schul- und Amtssprache. Viele Orte haben einen sorbischen und einen deutschen Namen. Auch Sitten und Bräuche haben sich erhalten, etwa das „Osterreiten“, ein Ritt in festlicher Kleidung von einem Dorf zum anderen. Auch die altüberlieferten Trachten werden noch getragen, wenn auch nur bei besonderen Anlässen wie Kirchgang oder Hochzeit.

Bautzen ist der kulturelle Mittelpunkt der Sorben.

Abbildung oben: Siegel von Schwerin (1160). Die älteste Stadt Mecklenburgs erhielt in diesem Jahr das Stadtrecht durch Heinrich den Löwen.
Abbildungen unten: Zweisprachiges Straßenschild in der Lausitz heute, daneben – ebenfalls zweisprachig – eine Serie von Briefmarken aus dem Jahr 1971. Beschreibe bitte die Tanztrachten!

Landesausbau östlich der Oder

Der Ruf ins Slawenland

Auch die slawischen Fürsten in den ferneren Gebieten suchten deutsche Ansiedler zu gewinnen, die das Land erschließen und fruchtbar machen sollten. So begann die deutsche Besiedlung *Schlesiens* auf Veranlassung eines slawischen Fürstengeschlechts. Sie wurde in einem Jahrhundert, von 1250 bis 1350, vollendet. Nach *Böhmen* erfolgte, auf den Ruf des Fürsten hin, eine starke deutsche Einwanderung. Es waren besonders Bergleute. Deutsche Bauern wanderten nach *Polen, Ungarn* und in andere Länder. Angelockt wurden sie von den Vorrechten, die ihnen die Fürsten in Aussicht stellten.

Aus einer Urkunde des polnischen Königs Kasimir aus dem Jahr 1359

Wir geben Johann Gladisch einen Teil Unseres Waldes an beiden Ufern der Großen und Kleinen Zdynia [Flußname] ...

Damit aber der zuvorgenannte Johann Gladisch diesen weiter oben aufgeführten Wald ... leichter und besser fällen oder roden und damit er dort Leute ansiedeln kann, geben Wir allen Ankömmlingen, den jetzigen wie den zukünftigen Siedlern, gerechnet von dem Tage, an dem sie dort einen festen Wohnsitz nehmen, eine Frist von zwanzig Jahren.

Wir gewähren ihnen volle und gänzliche Freiheit, wobei Wir sie ausnehmen von all Unseren Abgaben, Steuern, Umlagen, Forderungen, Dienstleistungen, Arbeiten, Hand- und Spanndiensten, mit welchem Namen sie auch immer bezeichnet werden.

Wir wollen auch, daß keiner ... es sich herausnimmt, über irgendeinen der Einwohner dieser Dörfer oder einen Bürger dieser Städte zu richten, ausgenommen der Schulze richtet über seine Bauern, der Vogt über seine Bürger ...

(Nach: Urkunden und erzählende Quellen 2, Darmstadt 1970, S. 337ff.)

Der Deutsche Ritterorden

Der *Deutsche Ritterorden* war ursprünglich eine Vereinigung von frommen Rittern, die ihr Leben für das Christentum einsetzen wollten. Ein polnischer Herzog hatte die Ordensritter um 1225 in sein Land gerufen. Sie sollten die heidnischen Preußen, die im Gebiet östlich der Weichsel wohnten, zum Christentum bekehren. Die Ritter errichteten einen eigenen Staat und besiedelten ihn planmäßig mit deutschen Bauern und Handwerkern. Unter ihrer Leitung entstanden etwa 1400 Dörfer und fast 100 Städte, zum Beispiel Königsberg. Die Ordensritter beherrschten das Land von ihren Burgen aus, deren bedeutendste die Marienburg war.

Das 14. Jahrhundert wurde die Blütezeit des Ordens, dann zerbrach er am Eigennutz und unter dem Ansturm von außen. Die Reste des Ordensstaates wurden schließlich zu einem weltlichen Herzogtum: Preußen (1525).

Das neue Dorf. Ein Lebensbild

Wie du weißt, konnten die Bauern in der Zeit des Mittelalters nicht lesen und schreiben. Keiner von ihnen hat uns einen Bericht hinterlassen, der sein Schicksal beschreibt. Aus Urkunden und anderen schriftlichen Quellen, aus Bildern und Grabungsergebnissen aber können wir viele Einzelheiten entnehmen. Die Verfasser dieses Buches haben versucht, aus diesen Einzelheiten einen Bericht über den Aufbau einer neuen Siedlung im Osten, *eines Dorfes „aus wilder Wurzel"*, zu rekonstruieren.

Der Aufbruch der Bauern

„Nach Ostland wollen wir reiten,
nach Ostland wollen wir fort,
wohl über die grüne Heiden,
frisch über die Heiden,
da finden wir besseren Ort."

Deutschordensritter. Aus einer Handschrift des 14. Jahrhunderts

So hatten die Bauern bei ihrem Aufbruch gesungen. Sechs Wochen waren sie seitdem schon unterwegs. Weit war der Weg vom Rhein bis in das Land des Deutschen Ritterordens, dessen Ruf sie gefolgt waren.

Welche Schicksale waren bei diesem Zuge versammelt! Da war der Reineckerbauer. Der Vogt des Grafen hatte ihn ertappt, als er mit der Armbrust einen Hirsch schoß, der allabendlich auf sein Feld austrat. Der Knecht sollte ihn auspeitschen, wie es als Strafe für Wilddieberei üblich war – da hatte der Reineckerbauer ihn niedergeschlagen. Die Hand hätte man ihm deswegen abgehauen. So war er mit seinem jungen Weibe geflüchtet.

Da war weiter der Hannes. Er hatte hoch oben am Bergwald gerodet, in der Hoffnung, wie die anderen früher, die Rodung zu eigen zu bekommen. Dann kam das Verbot des Königs: Der Wald durfte nicht mehr angegriffen werden.

Nun wollte er in die Stadt ziehen, aber das ließ sein Grundherr, der Abt eines Klosters, nicht zu. So ging er mit Frau und Kindern auf die Fahrt.

Da waren die beiden jungen Burschen. Ihr ältester Bruder hatte den väterlichen Hof erhalten. Sie mochten nicht seine Knechte werden! Freier und besser sollte das Leben im Osten sein – wenn es natürlich auch harte Arbeit geben würde. Aber sie waren jung und kräftig und hatten die Braut mitgenommen.

Da war der Weidenhofmüller mit seiner ganzen großen Sippschaft. Zum dritten Male hatte man ihm jetzt, in der Fehde zwischen seinem Grundherrn und dem benachbarten Burgherrn, Mühle und Anwesen niedergebrannt. So hatte er das Grundstück mit dem Mahlrecht verkauft – vielleicht war im Osten dauerhafteres Wohnen.

Da waren zwei Gutshandwerker, Hufschmied und Stellmacher, die nach einem eigenen, freien Handwerksbetrieb verlangten. Da war ein höriger Bauer, der sich mit seinem Grundherrn nicht vertrug, und da war ein Taugenichts, der es in der väterlichen Zucht nicht mehr aushielt.

Da war endlich der Anführer des Zuges, der mit Lanze und Schwert nebenher ritt: Groland, der Sohn eines Ritters und einer Magd. Die unedle Herkunft ließ ihn nicht aufsteigen zum Stande des Vaters. So hatte er sich den Auftrag zur Fahrt von den Ordensrittern geholt, die immer Bauern und Handwerker für ihr Land brauchten. Bald würde er der Schulze des neuen Dorfes sein – wie aber mochte sich die neue Gemeinschaft so verschiedener Menschen und Schicksale wohl zusammenfügen?

Die Ankunft

Am Abend des nächsten Tages langte der Wagenzug in der Ordensburg an. Verwundert sahen die Bauern die Anlage: da waren nur ein paar Blockhäuser, umgeben von Wall, Graben, Bohlenwand und Dornenverhau – kein steinerner Bergfried, keine dicken Mauern und Türme. Fast schien es, als seien auch die Ordensbrüder noch nicht allzulange an dieser Stelle. Groland meldete dem Herrn der Burg, dem Komtur, die Ankunft des Zuges und die Zahl seiner Bauern. Ein Ritter im weißen Mantel mit schwarzem Ordenskreuz wies den Treck in einen zweiten Verhau, der dicht neben der Burg lag. Hier konnten sie hausen, bis die ersten Hütten des neuen Dorfes standen. Am nächsten Morgen aber sollte das Land gleich vermessen werden.

Ein mittelalterlicher Künstler hat den Aufbau eines Dorfes gemalt. Links im Bild nimmt der Dorfschulze den Freibrief in Empfang. Von der Urkunde hängt ein dreieckiges Siegel herab. In der Mitte roden zwei Bauern den Wald, rechts im Bild baut ein dritter bereits ein Haus auf.

Die Landverteilung

Schon in aller Frühe waren die Bauern bereit. Endlich erschien der Komtur, begleitet von dem Ritter, der sie gestern eingewiesen hatte. Der Komtur winkte Groland und den Bauern, und dann stapften sie hintereinander einen schmalen Waldpfad entlang, wohl mehr als eine Stunde weit. Mißtrauisch sahen sich die Bauern von Zeit zu Zeit um: verlockend sah dieses Gestrüppland nicht gerade aus! Plötzlich hörte der Wald auf. Ein breites, offenes Wiesental lag vor ihnen, grün und lockend. Der Komtur blieb stehen und wies auf das flache Tal: „Hier soll euer Dorf stehen!“ Einer der Bauern bückte sich und prüfte mit der Hand die schwarze Erde. Er nickte zufrieden. Der Weidenhofmüller lief vor an den Bach: er führte Wasser genug, das er zum Wehr für die neue Mühle stauen konnte.

Der Ritter hieb eine Rute vom Waldrand, entrindete sie und legte sie auf den Boden. Der Komtur winkte Groland, das Maß zu nehmen. 14 Fuß sollte sie lang werden. Ein Bauer meinte, der Hannes solle lieber die Rute abschreiten, er habe den größeren Fuß. Aber der Komtur lachte: es war schon recht und billig, daß der neue Schulze das Maß gab.

Die Bauern paßten genau auf, als vermessen wurde. Zuerst legte man längs des Baches die Dorfstraße fest. Dann wurden die einzelnen „Hufen“ ausgemessen, 30 Ruten die Breite und 270 die Länge – 70 Morgen etwa je Hof. Die Bauern steckten geschwind zugespitzte Pfähle an die Ecken, damit die Grenzen nicht mehr verändert werden konnten. Jede Hufe reichte ein ganzes Stück in den Wald hinein, dessen Rand noch gerodet werden mußte.

Am Nachmittag waren alle Hufen abgesteckt. Noch aber wußte niemand, wer die einzelnen Stücke erhalten würde. Groland durfte wählen, als Gründer und künftiger Schulze des Ortes bekam er drei Hufen zugesprochen. Zwei Hufen wurden für die spätere Pfarrkirche vorgesehen. Dann wurde eine Hufe für die Mühle des Weidenhofmüllers festgelegt, hier war die rechte Lage am Bach entscheidend. Die übrigen Hufen wurden ausgelost. Sorgsam zeichnete der Ritter die Namen der Eigentümer in die einzelnen Felder eines Planes.

Dann begann der Umgang der ganzen Flur. Jeder bekam seine Hufe gezeigt und schnitzte in den Pfahl seine „Hausmarke“ ein, dieser ein Kreuz, jener ein Blitzzeichen, ein anderer wieder einen Baum und so fort. Auch die Jungen mußten mitkommen. An jedem Grenzpfahl wurden sie am Ohrläppchen gezupft oder erhielten wohl auch vom Vater eine Kopfnuß – so bekamen sie es „hinter die Ohren geschrieben“, damit sie die Stunde und den Ort der Grenzsetzung nie vergaßen.

Der Freibrief

Auf dem Grundstück des Schulzen traten alle nochmals zusammen. Hier ließ der Komtur feierlich den „Freibrief“ des neuen Dorfes verlesen, die große Urkunde, die ihnen die Freiheit des neuen Lebens gab!

Jeder sollte frei auf seiner Hufe sein, gleichgültig, ob er früher ein Höriger oder Knecht gewesen war. Die Bauern bekamen ihre Hufe in Erbpacht. Groland erhielt das Schulzenamt und das Schankrecht zugesichert. Er hatte die „niedere“ Gerichtsbarkeit zu üben und konnte ein Drittel der Bußen für sich behalten. Zwei Drittel waren an den Orden abzuliefern, der sich auch die „höhere“ Gerichtsbarkeit vorbehielt.

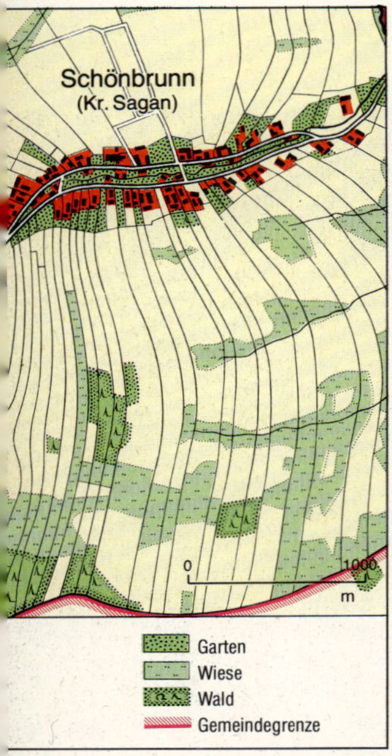

Ein Waldhufendorf. Ob das neue Dorf wohl so ähnlich ausgesehen haben könnte?

Solange das Land mit der Hacke umgebrochen wurde, war der Boden zinsfrei, und auch wenn es unter dem Pfluge lag, sollte es erst noch sechs Freijahre genießen. Dann erst setzte der Grundzins ein: eine halbe Mark je Hufe und zwei Hühner zu Pfingsten. Schulzen- und Kirchenhufen blieben abgabenfrei. Frei sollte die Jagd, frei der Fischfang und frei die Weide sein. Kein Herzog, kein Graf, kein Ritter sollte sie zu persönlichen Dienstleistungen zwingen können, keiner zum Holzfällen, Holztragen oder Grabenziehen.

Aufmerksam hatten die Bauern zugehört. Nun übergab der Komtur dem neuen Schulzen den Freibrief und den Plan des Dorfes und verpflichtete ihn noch einmal durch Handschlag, sein Amt gerecht und ordentlich auszuüben.

Der Aufbau

Gleich am nächsten Morgen gingen die Bauern ans Werk. Es war doch ein ander Ding, auf eigenem Boden zu schaffen! Als allererstes wurde der Wiesengrund hinter den geplanten Häusern umgebrochen. Nicht alle hatten Pflug und Pferd, aber man half sich gegenseitig aus: es war wichtig, noch etwas Getreide in den Boden zu schaffen, obwohl es schon spät im Jahr war. Dann wurden die ersten Hütten errichtet, klein, dürftig, roh, fast wie ein Stall anzusehen. Die Hauptsache war, zunächst einmal „unter Dach" zu kommen. Auch die Kinder mußten helfen, holten Gesträuch für die Wände, Binsen und Schilf für das Dach.

Man hätte zehn Hände haben können, so drängte von allen Seiten die Arbeit. Das Bauholz für die späteren festen Wohn- und Stallgebäude war zu schlagen, herbeizuschaffen und zu lagern. Die neue Saat war gegen Wildschaden mit einem Flechtzaun zu schützen, ebenso mußte die Viehweide eingefriedet werden. Weitere Flächen waren zu roden, Wurzeln und Stümpfe mußten entfernt werden. Aber wie schön, daß alles Land gleich hinter dem eigenen Hause lag, nicht, wie in der alten Heimat, über die ganze Flur verstreut!

Es fehlte an so vielem. Der Schulze war noch einmal mehrere Wochen mit einigen Männern unterwegs, holte Samen und Korn, Pflanzen, Jungvieh, Ferkel, Hühner und Gänse, notwendiges Ackergerät, Salz. Die anderen besorgten inzwischen die Arbeit der Abwesenden mit. Die Jungen stellten Fallen im Wald, fischten mit Körben und Netzen im nahen Fluß, bereicherten so die karge Mahlzeit und waren sehr stolz darauf. Nun baute man ein Wehr, und bald rauschte das Wasser unter dem großen Rad, das sich langsam zu drehen begann.

Als die Freijahre um waren, hätte niemand den Grund wiedererkannt. Heide und Buschgestrüpp waren verschwunden, der Wald weit zurückgedrängt. Die Häuser und Ställe standen blank und behäbig, und eine Kirche aus Feldsteinen überragte mit ihrem hölzernen Turm weit das Dorf. Die Äcker brachten so gute Erträge, daß die Siedler einen Teil davon günstig auf dem Markt der Stadt verkaufen konnten, die ganz in der Nähe entstand.

Arbeitsvorschläge

1. Gib die Gründe für den Aufbruch nach Osten, wie sie hier genannt werden, noch einmal mit deinen Worten wieder! Solche Lebensschicksale hat es in der Zeit der Grundherrschaft tausendfach gegeben.
2. Auf der Karte S. 126 kannst du feststellen, wohin der Zug dieser Bauern ging.
3. Vergleiche die Rechte und Pflichten eines Siedlers mit denen eines hörigen Bauern!

Wir merken uns

Im 12. Jahrhundert kamen die Slawenstämme im Land zwischen Elbe/Saale und Oder sowie in Pommern unter die Herrschaft deutscher Fürsten. Sie holten Bauern aus dem Westen in dieses Gebiet, die weite Landesteile urbar machten. Kaufleute gründeten zahlreiche Städte.

Deutsche Siedler zogen auch in Gebiete östlich der Oder, vor allem nach Schlesien und in den Herrschaftsraum des Deutschen Ritterordens, das spätere Ostpreußen.

Die Marienburg an der Nogat (im Vordergrund) heute. Sie war von 1309 bis 1457 der Hauptsitz des Deutschen Ordens. Im Zweiten Weltkrieg wurde sie stark zerstört, danach durch Polen wieder aufgebaut und ist heute ein Anziehungspunkt für Touristen.

Polen und Deutsche heute

Umstrittene Themen der Geschichte

Der *Landesausbau im Osten* gehört heute zu den umstrittenen Themen der Beziehungen zwischen Deutschland und Polen in der Geschichte. Das hängt mit einem Vorgang aus der Geschichte unseres Jahrhunderts zusammen, dem Zweiten Weltkrieg 1939–1945. Während dieses Krieges hatten Millionen Polen besonders schwer unter der nationalsozialistischen Herrschaft zu leiden. Nach diesem Kriege erlitten Millionen Deutsche das Schicksal der Flucht und Vertreibung aus Gebieten, die über Jahrhunderte zu Deutschland gehört hatten. Das aber sind zum Teil die Gebiete des Landesausbaus im Osten.

Wie groß war die Zahl der deutschen Siedler gegenüber der dort lebenden, slawischen Bevölkerung? Wie groß war ihr Anteil an den Veränderungen in diesen Gebieten? – Über solche Fragen diskutieren die Geschichtswissenschaftler aus Deutschland und Polen heute.

Ähnlich umstritten ist die Rolle des *Ritterordens*. Sorgte dieser Orden besonders für die Siedlungsarbeit und die Mission? Oder hat er sich besonders durch die Unterdrückung der Slawen hervorgetan? – Auch hier gibt es unterschiedliche Auffassungen.

Der neue Staat: die Landesherrschaft

Arbeitsvorschlag

Vergleiche bitte zunächst die Karte unten mit der Karte des Deutschen Reiches auf S. 49! Mache dir ganz klar, welche unterschiedlichen Herrschaftsgebiete an die Stelle der alten Stammesherzogtümer von 919 getreten sind: Geistliche Herrschaftsgebiete, in denen ein Erzbischof („Erzbistum“) oder Bischof („Bistum“) herrscht, weltliche Herrschaftsgebiete, in denen Herzöge oder Fürsten, Markgrafen oder Grafen an der Spitze stehen, und selbständige Reichsstädte mit ihrem Umland. Du erkennst: Aus den alten Stammesherzogtümern ist ein bunter Flickenteppich unterschiedlichster Landesherrschaften geworden.

Der Weg zur Landesherrschaft

Der Vergleich der Karten verdeutlicht einen Grundvorgang der deutschen Geschichte im Mittelalter:

Die deutschen Kaiser des Mittelalters haben es nicht vermocht, sich auf die Dauer gegen die Interessen der Fürsten durchzusetzen. So hat die deutsche Geschichte des Mittelalters nicht zu einem Einheitsstaat geführt, wie zum Beispiel in Frankreich. Am Ende des Mittelalters ist das „Heilige Römische Reich Deutscher Nation" zersplittert in eine Fülle selbständiger Landesherrschaften (Territorien).

Wie ist es dazu gekommen?

Die deutschen Fürsten betrachteten ihr Herrschaftsgebiet nicht mehr als Lehen, sondern als ihr Eigentum, und sich selbst als die *Landesherren*. Deshalb lag ihnen daran, einen möglichst schwachen König zu wählen, der ihnen nicht gefährlich werden konnte.

So entwickelte sich in Deutschland langsam eine Vielzahl von selbständigen weltlichen und geistlichen Fürstentümern, von Grafschaften und sonstigen Herrschaftsgebieten: die *Landesherrschaften*. Die Landesherren begannen, alle Macht in ihren Händen zu sammeln. Jeder bemühte sich um reiche Einnahmen und ließ *Steuern* eintreiben. Jeder versuchte, seinen Landbesitz durch *Kriege* und *Käufe* zu vermehren. Die Landesherren stellten eigene Heere auf.

Um ihre Herrschaftsgebiete direkt verwalten zu können, ernannten die Landesherren *Beamte*, die von ihnen abhängig waren und bezahlt wurden. Diese trieben die Abgaben von den *Untertanen* ein: den Zehnten von den Bauern auf dem Dorf, die Steuer von den Zunftgenossen in der Stadt und den Zoll von den durchreisenden Kaufleuten am Stadttor. Einheitliche *Ordnungen* (Verordnungen) für das ganze Land griffen immer stärker in das Leben der Untertanen ein, Verstöße brachten zusätzliche „Pfunde" in die fürstliche Kasse.

Württemberg als Beispiel

Die Landesherren schufen sich *Residenzen*, feste Aufenthaltsorte für sich und ihre Regierungsbehörden. Im Herzogtum Württemberg wurde zum Beispiel Stuttgart zur *Residenzstadt*.

Die Abgaben der Untertanen erlaubten es den Landesherren, sich mit solch aufwendigen Anlagen hervorzutun. Diese Ansicht zeigt das Schloß (heute das „Alte Schloß") in Stuttgart (1), an dessen Anbau hohe Küchenkamine emporragen. Neben der Stiftskirche (3) ist die Alte Kanzlei (4), in der die „Räte", die obersten Beamten des Landesherrn, ihre Ordnungen erstellten; im Vordergrund das „Große Lusthaus" (5) für Aufführungen und Empfänge sowie der Schloßgarten (7). – Dieser Stich entstand um 1615.

Aus zwei Ordnungen des württembergischen Landesherrn (um 1490)

Wir haben verordnet, daß derjenige, der hier in Stuttgart seine Gläubiger nicht mit Geld oder Pfand bezahlen kann oder seine Frau und Kinder betteln schickt, nicht zum Wein (ins Wirtshaus) gehen soll . . . Wird er aber beim Wein ergriffen, so soll er von Stund an ins Gefängnis gelegt und nur mit Wasser und Brot gespeist werden . . .

Wenn Feuer ausbricht, soll jedermann, der nicht besondere Aufgaben hat, zur Brandstelle laufen und helfen Wasser tragen, löschen und alles tun, was er geheißen wird, nach bestem Vermögen, als ob es sein eigener Besitz wäre . . .

Niemand soll Aschenmüll, Spreu, Mist von Kühen oder anderen Tieren noch Tierkadaver wie Katzen, Hunde und dergleichen noch anderes unflätiges Zeug in den Bach werfen bei Pein und Strafe . . .

Damit allerlei Schaden durch gemeinschaftliches Tanzen, Zusammenkommen und -schlupfen verhütet wird, wollen Wir, daß . . . kein heimlicher Tanz von Unseren Untertanen gehalten wird. Sondern wenn jemand Tanzvergnügen sucht, soll das geschehen in den üblichen Tanzhäusern, offenen Gassen und Plätzen, wo es gewöhnlich stattfindet. Wenn aber jemand – außer bei einer Hochzeit – eine solche Tanzerei veranstaltet, wollen Wir als Strafe zehn Pfund Heller nehmen lassen . . .

Wir wollen auch, daß unsere Amtleute allenthalben im Fürstentum treue Aufsicht führen über das Leben unserer Untertanen . . ., bei Metzgern, Krämern, Wirten und anderen getreulich Aufsicht führen über Maße, Gewichte und dergleichen, und ob jemand Unrecht geschieht.

(Chr. Fr. Sattler, Geschichte des Herzogtums Württemberg, Tübingen 1768. – Gekürzt und modernisiert)

Arbeitsvorschläge

1. Welche „Vergehen" der Untertanen werden in den beiden Ordnungen näher bezeichnet? Welche Strafen werden festgesetzt?
2. Inwieweit gab es in Stuttgart 1492 Probleme mit dem Umweltschutz?
3. Welches Verhalten wird bei Feuer angeordnet?
4. Maße und Gewichte: Wer kontrolliert, wer wird kontrolliert?

Mecklenburg als Beispiel

In Württemberg (und in den meisten anderen Landesherrschaften) wurde es noch im Mittelalter zur Regel, daß nur der älteste Sohn Anspruch darauf hatte, Nachfolger eines verstorbenen Fürsten zu werden *(Erstgeburtsrecht)*. So war das Gebiet ein unteilbares Ganzes. Anders entwickelte sich Mecklenburg. Hier waren jeweils alle männlichen Nachkommen eines Fürsten erbberechtigt, und dabei blieb es bis ins 18. Jahrhundert hinein. So ist die Geschichte Mecklenburgs eine Geschichte immer neuer Erbteilungen und Erbstreitigkeiten, war Mecklenburg bisweilen in mehr als ein halbes Dutzend Herrschaftsgebiete aufgeteilt.

Erst im 17. Jahrhundert bildeten sich zwei Herzogtümer nebeneinander heraus: *Mecklenburg-Schwerin* und *Mecklenburg-Güstrow*. Die Städte Schwerin und Güstrow wurden zu Residenzen mit Schlössern und Kanzleien ähnlich wie Stuttgart. Seit 1419 entstand in Rostock die älteste deutsche Universität des Ostseeraums.

Noch einmal wurde um 1700 gestritten, geteilt. Dann erhielt das mecklenburgische Land seine staatliche Form für zwei Jahrhunderte. Neben das größere Herzogtum Mecklenburg-Schwerin trat das kleine Herzogtum Mecklenburg-*Strelitz* mit der Residenz im heutigen Neustrelitz. Beide bestanden bis 1918.

Schloß Güstrow. Es erhielt im 16. Jahrhundert seine heutige Gestalt.

Das Residenzschloß auf der Schloßinsel in Schwerin heute. Hier befand sich ursprünglich eine slawische Burg. Ein erstes Schloß der Herzöge von Mecklenburg entstand im 16. Jahrhundert; seine heutige Gestalt erhielt es um 1850. Seit 1990 ist es Sitz des Parlaments des Bundeslandes Mecklenburg-Vorpommern.

Thüringen als Beispiel

In Württemberg konnte sich *ein* Landesherr durchsetzen und ein unteilbares Territorium ausbauen und immer weiter vergrößern. Dies geschah zum Beispiel durch die Unterwerfung freier Reichsstädte, durch Kriege, durch Heirat und Erbschaft. In Mecklenburg herrschten Landesherren *eines Geschlechts* nebeneinander (und häufig genug gegeneinander). In Thüringen aber entstand eine Fülle kleiner und kleinster Landesherrschaften nebeneinander, die von Fürsten *aus verschiedenen Geschlechtern* regiert wurden. Hier gab es am Ende des 17. Jahrhunderts zehn Herzogtümer im Besitz von „Linien" des Geschlechts der Wettiner, zwei Grafschaften im Besitz des Geschlechts der Schwarzburger, zehn „Herrschaften" im Besitz des Hauses Reuß! – Sie alle bauten Schlösser, unterhielten eine Beamtenschaft und beuteten ihr Herrschaftsgebiet aus. Darum finden wir noch heute in Thüringen so viele ehemalige Residenzstädte, zum Beispiel Gera und Gotha, Meiningen und Rudolstadt, Sondershausen und Weimar.

Brandenburg als Beispiel

Starb ein Landesherr kinderlos, so fiel das Recht, die Landesherrschaft neu zu vergeben, wieder dem König zu. Dafür ist die Mark Brandenburg ein Beispiel. Als ein Nachfolger Albrechts des Bären ohne Erben verstorben war, übertrug König Sigismund 1417 einem Grafen *Friedrich von Hohenzollern* dieses Gebiet als erblichen Besitz. – Hohenzollern blieben bis zum November 1918 die Herren der Mark. Sie waren es, die Berlin zu ihrer Residenzstadt machten, und bald überflügelte es die anderen brandenburgischen Städte an Wohlstand und Bevölkerungszahl. Vor allem aber konnten die Hohenzollern seit dem 17. Jahrhundert durch Kriege und Erbansprüche große Gebiete hinzugewinnen. Es entstand das (spätere) Königreich Preußen, einer der bedeutendsten Staaten Europas. Die karge und menschenleere Mark Brandenburg, „des Heiligen Römischen Reiches Streusandbüchse", aber war sein Anfang und Kern.

Das Schloß Heidecksburg der Fürsten von Schwarzburg-Rudolstadt in Thüringen

Das Bild zeigt die feierliche Einsetzung eines neuen Landesherren. Hier ist es der Graf Friedrich von Hohenzollern, der am 18. August 1417 die Mark Brandenburg als erblichen Besitz erhielt. Er kniet in Konstanz vor König Sigismund.

Urspünglich war der Hohenzoller Friedrich der Burggraf von Nürnberg. Als treuer Gefolgsmann hatte er dem König Sigismund gedient. Zum Dank wurde ihm – nach dem Tode des kinderlosen bisherigen Landesherrn – die Mark Brandenburg als Herrschaftsgebiet übertragen. Von nun an regierten Hohenzollern dieses Territorium.

Es wurde zur Keimzelle des Königreichs Preußen. Schließlich stellten die Hohenzollern von 1871 bis 1918 die deutschen Kaiser.

Der Konstanzer Bürger Ulrich von Richenthal hat das Ereignis der Belehnung 1417 miterlebt und in diesem Bilde festgehalten.

Mittelalterliches Reich und Territorialstaat

Führe dir das Lebensbild Friedrich Barabarossas noch einmal vor Augen! Du erkennst, wie ganz anders der „Staat", das Deutsche Reich, im Mittelalter regiert und verwaltet wurde.

Der Kaiser regierte auf der Grundlage des Lehnswesens. Am wichtigsten waren seine direkten Beziehungen zu den Herzögen und Bischöfen, die ihm die Treue geschworen hatten. Mit ihnen mußte er die Macht und die Einkünfte teilen. Zu ihnen mußte er reisen, sie um Unterstützung für Kriegszüge bitten. Immer wieder mußte er selbst nach dem Rechten sehen und seine Autorität durchsetzen. Er allein war der oberste Richter.

Wie anders ist es jetzt im Territorialstaat! Muß ein Landesherr noch unbedingt durch sein Land reisen? Muß er seine Macht teilen? Wer sorgt für seine Einkünfte und verwaltet das Land? Wer muß für ihn die Kriege führen? Wodurch wird jetzt das Zusammenleben geregelt?

Du merkst: Der Territorialstaat ist stärker ein „moderner" Staat.

Wir merken uns

Die deutsche Geschichte des späten Mittelalters führte zur Herausbildung der Landesherrschaften. Am Ende des Mittelalters war das Deutsche Reich zersplittert in eine Fülle selbständiger Herrschaftsbereiche (Territorien) der geistlichen und weltlichen Fürsten und auch der Reichsstädte.

Dies ist ein Türbeschlag des Rathauses zu Lübeck etwa aus der Zeit der „Goldenen Bulle".
Hier sind die sieben Kurfürsten – die Erzbischöfe von Mainz, Trier und Köln, der König von Böhmen, der Herzog von Sachsen-Wittenberg, der Markgraf von Brandenburg sowie der rheinische Pfalzgraf – einträchtig um einen Kaiser versammelt.
Woran erkennst du die drei Erzbischöfe?

Kaiser und Kurfürsten am Ende des Mittelalters

Die Kurfürsten

Sieben Fürsten wurden besonders einflußreich. Sie erhielten 1356 in einem Reichsgesetz das Recht, allein den künftigen König und Kaiser zu wählen – zu „küren", wie man damals sagte. Nach der anhängenden Siegelkapsel wurde dieses Gesetz die „Goldenen Bulle" genannt.

In dem Gesetz stand der Satz, daß die *Kurfürsten* ihre Stimme bei der Kaiserwahl „frei von Gunst und Gabe" abgeben sollten, allein zum Wohle des Reiches. Aber die Wirklichkeit sah so aus, daß die Mehrzahl der Kurfürsten demjenigen ihre Stimme gab, der sie am wenigsten in ihrer eigenen Macht beschränkte oder ihnen am meisten für ihre Zustimmung bot: Vorrechte, Land, am liebsten aber Bargeld.

Deutsche Kaiser und Könige am Ende des Mittelalters

1273–1291	Rudolf I. (aus dem Haus der Habsburger)
1292–1298	Adolf von Nassau
1298–1308	Albrecht I. (aus dem Haus der Habsburger)
1308–1313	Heinrich VII. (aus dem Haus der Luxemburger)
1314–1330	Friedrich der Schöne (aus dem Haus der Habsburger)
1314–1347	Ludwig der Bayer (aus dem Haus der Wittelsbacher)
1347–1378	Karl IV. } (aus dem Haus der Luxemburger)
1378–1400	Wenzel } (aus dem Haus der Luxemburger)
1400–1410	Ruprecht (aus dem Haus der Wittelsbacher)
1410–1437	Sigismund (aus dem Haus der Luxemburger)
1438–1439	Albrecht II. } (aus dem Haus der Habsburger)
1440–1493	Friedrich III. } (aus dem Haus der Habsburger)
1493–1519	Maximilian I. } (aus dem Haus der Habsburger)

Die Bauern erheben sich

Stadt und Land. – Betrachte bitte die Figuren dieses Bildstreifens! Welche Seite zeigt bürgerliches, welche bäuerliches Leben? Bei welcher Gelegenheit berühren sie sich?

Stadt und Land

Nach dem Aufblühen der Städte spielte der Unterschied von Stadt und Land im Dasein der Menschen eine große Rolle. Wiederhole bitte, was du bisher über Bauern und Bürger erfahren hast! Versuche dann, die nachfolgenden Fragen zu klären!

Wodurch unterscheiden sich Stadt und Land im Mittelalter? Prüfe diese Frage vor allem in folgenden Bereichen: Erscheinungsbild einer Dorfanlage, einer Stadtanlage; Erzeugnisse und Lebensweise der Bauern und Bürger.

Wodurch unterscheidet sich die gesellschaftliche und politische Stellung der Bauern und Bürger? Prüfe diese Frage vor allem im Hinblick auf ihre Abhängigkeiten. Wer hatte Möglichkeiten einer Mitbestimmung? Auf wen aber war die städtische Demokratie beschränkt?

Wodurch unterscheiden sich die sozialen Unruhen des späten Mittelalters in Stadt und Land? Prüfe die Beweggründe der Handelnden und die Ergebnisse ihrer Aktionen!

Bauernaufstände am Ende des Mittelalters

Ein großes Ungewitter verheerte mehrere Teile des Königreiches Frankreich . . . Einige führerlose Leute rotteten sich in der Gegend von Beauvais zusammen. Zuerst waren es kaum hundert Mann . . . Jeder von ihnen sagte: „Verrucht sei, wer die Vernichtung der Edelleute verhindert."

Alsdann gingen sie, ohne weiter zu beraten und ohne andere Waffen zu führen als mit Eisen beschlagene Stöcke und Messer, nach dem Hause eines in der Nähe wohnenden Ritters, erbrachen und verbrannten es und töteten ihn, seine Frau und alle Kinder. Hierauf gingen sie nach einer anderen Burg und wüteten dort noch viel schlimmer; denn sie ergriffen den Ritter und banden ihn an einen Pfahl; dann töteten sie seine Frau und alle seine Kinder und endlich unter großen Martern ihn selbst, zündeten die Burg an und rissen sie nieder . . .

Als die Edelleute der Landschaften von Beauvais . . . und der übrigen Lande, wo die Bösewichter wüteten, so ihre Häuser zerstört und ihre Freunde getötet sahen, riefen sie ihre Freunde in Flandern, im Hennegau, in Brabant zu Hilfe, und bald eilten diese von allen Seiten herbei. So vereinigten sich die Fremden und die Edelleute des Landes, die jene führten.

Und sie begannen, diese Elenden ohne Mitleid und Erbarmen zusammenzuhauen und zu töten und knüpften sie ohne weiteres an die nächsten Bäume auf. An einem einzigen Tag hieb der König von Navarra mehr als dreitausend bei Clermont im Lande von Beauvais nieder. Aber sie waren schon so sehr angewachsen, daß alle miteinander mehr als hunderttausend ausgemacht hätten . . .

Die Edelleute legten Feuer an die Stadt Meaux [bei Paris] und verbrannten sie vollständig mit allem Volk, das sie hatten einschließen können. Seit dieser Niederlage rotteten sich die Bauern nirgends mehr zusammen.

(Jean Froissart, Chronique de France)

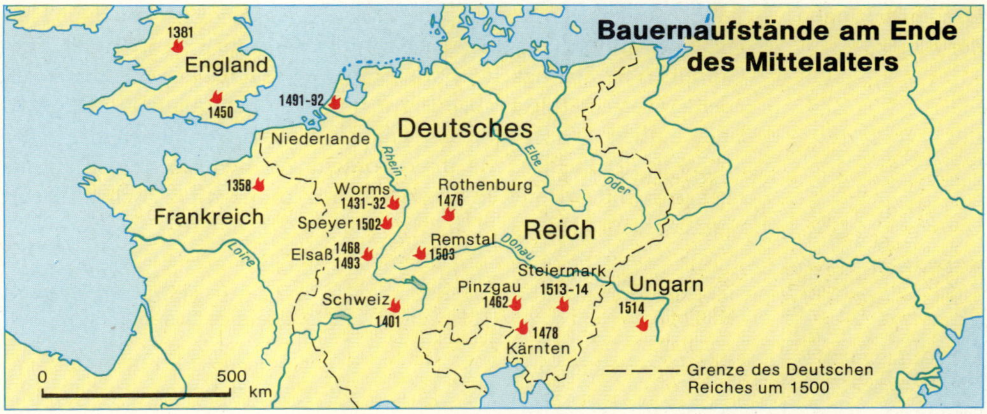

So schilderte ein Geschichtsschreiber den großen französischen Bauernaufstand von 1358. Mit seinem letzten Satz sollte er unrecht haben. Der Aufstand leitete eine ganze Reihe von Bauernerhebungen gegen Ausbeutung und Unterdrückung ein – in unterschiedlichen Gebieten Europas. Die Karte oben nennt dir einige der wichtigsten.

Untersuche aber bitte zunächst den Quellentext! Wie beginnt der Aufstand? Wie handeln die Bauern? Wie reagieren die Grundherren? – Auf wessen Seite steht der Verfasser des Quellentextes?

Untersuche nun die Karte oben! In welchen Teilen Deutschlands kommt es am Ende des Mittelalters zu größeren Bauernunruhen? In welchen anderen europäischen Ländern? Ordne die durch Flammen bezeichneten Aufstände nach den Jahreszahlen in einer Tabelle!

Der deutsche Bauernkrieg

Das Leben der Bauern

Über das Leben der Bauern am Ende des Mittelalters berichtet uns ein Zeitgenosse:

In die nahen Städte bringt das Volk zum Verkauf, was es vom Acker, vom Vieh gewinnt, und kauft sich wiederum hier ein, was es bedarf; denn Handwerker wohnen keine oder wenige unter ihnen. In der Kirche ... kommen sie an Festtagen vormittags alle zusammen und hören von ihrem Priester Gottes Wort und die Messe, nachmittags verhandeln sie unter der Linde oder an einem öffentlichen Ort ihre Angelegenheiten, die Jüngeren tanzen danach nach der Musik des Pfeifers, die Alten gehen in die Schenke und trinken Wein. Ohne Waffen geht kein Mann aus: sie sind für alle Fälle mit dem Schwert umgürtet.

Die einzelnen Dörfer wählen unter sich zwei oder vier Männer, die sie Bauermeister nennen, das sind die Vermittler bei Streitigkeiten und Verträgen und die Rechnungsführer der Gemeinde. Die Verwaltung aber haben nicht sie, sondern die Herren oder die Schulzen, die von jenen bestellt werden.

Den Herren fronen sie oftmals im Jahre, bauen das Feld, besäen es, ernten die Früchte, bringen sie in die Scheunen, bauen Holz, bauen Häuser, bauen Gräben. Es gibt nichts, was dieses sklavische und elende Volk den Herren nicht schuldig sein soll. Nichts, was ihnen befohlen wird, können die Bauern verweigern, ohne daß ihnen von den Herren Gefahr droht. Der Schuldige wird streng bestraft. Aber am härtesten ist es für die Leute, daß der größte Teil der Güter, die sie besitzen, nicht ihnen, sondern den Herren gehört, und daß sie sich durch einen bestimmten Teil der Ernte jedes Jahr von ihnen loskaufen müssen.

(Joh. Boemus, Über den Bauernstand, 1520)

Arbeitsvorschläge

1. Lies den vorstehenden Quellentext genau! Wie spielen sich Alltag und Feiertag der Bauern im allgemeinen ab? Wie unterscheiden sich die Aufgaben des Bauermeisters und des Schulzen? Wer hat wohl die größere Macht? Welche Dienste und Abgaben werden genannt?
2. Berichtet dieser Zeitgenosse eher wohlwollend oder eher überheblich über die Bauern?

Die Forderungen der Bauern

Noch immer lebten die Bauern in vielerlei Abhängigkeit von ihren Herren. Noch immer hatten sie Abgaben und Dienste zu leisten, entschied der Grundherr bei Streitigkeiten. Noch immer war der Bauer wenig angesehen oder gar verachtet. Jetzt aber lieferte ihnen die Reformation in Deutschland, Luthers Schrift „Von der Freiheit eines Christenmenschen", das Stichwort der Freiheit. Mit ihren Forderungen beriefen sie sich auf die Heilige Schrift, wie hier in den zwölf Artikeln der schwäbischen Bauern vom Februar 1525:

Fahnenträger der Bauern mit der Freiheitsfahne (Holzschnitt um 1525)

1. Jede Gemeinde hat das Recht, ihren Pfarrer selbst zu wählen und auch abzusetzen, wenn er sich ungebührlich verhalten sollte.

2. Der Kornzehnt soll bleiben, weil er bereits in der Bibel aufgeführt ist. Der Viehzehnt aber soll wegfallen.

3. Die Hörigkeit soll abgeschafft werden, weil Christus alle Menschen erlöst hat.

4. Jeder Mann soll frei jagen und fischen dürfen.

5. Die Wälder sollen den Gemeinden gehören, die Holznutzung frei sein, damit jeder Bau- und Brennholz hat.

6. Die Frondienste sollen verringert werden.

7. Die Herren sollen den Bauern nicht willkürlich Dienste aufzwingen.

8. Ein unparteiischer Rat soll den Pachtzins festsetzen, nicht der Grundherr ihn beliebig erhöhen dürfen.

9. Nur nach überliefertem Recht soll gestraft werden und nicht nach Gunst.

10. Die Allmende soll wieder hergestellt werden.

11. Abgaben im Todesfall sollen abgeschafft werden.

12. „Wenn einer oder mehrere Artikel hier aufgestellt sein sollten, die dem Wort Gottes nicht gemäß sind, dann wollen wir davon Abstand nehmen, wenn man uns das aus der Heiligen Schrift nachweist."

Arbeitsvorschlag

Die Forderungen der Bauern sind hier sinngemäß in einer starken Beschränkung auf das Wesentliche dargestellt. Worum geht es in den einzelnen Artikeln? Welches „Recht" der Herren stand diesen Forderungen jeweils entgegen? In welchen Artikeln wird die Berufung auf die Heilige Schrift deutlich?

Ordne die Forderungen der schwäbischen Bauern den drei Spalten dieser Tabelle zu! Verwende dabei Stichworte!

Die zwölf Artikel der schwäbischen Bauern		
Wirtschaftliche Forderungen	Politische Forderungen	Kirchliche Forderungen
....	....	....

Der Krieg in Südwestdeutschland

Zu ersten Aktionen der Bauern kam es im Sommer 1524 in der Landgrafschaft Stühlingen. Mitten in der Ernte sollten sie für die Schloßherrin von Lupfen (Kreis Tuttlingen) Schneckenhäuser sammeln, die man damals zum Garnaufwickeln benutzte. Das wurde zum Anlaß für die Stühlinger Bauern, sich zusammenzuschließen und das Schloß auf dem Lupfen zu belagern. Aber „so sie kain Geschütz hatten, damit sie die Muren brechen, mochten sie das Schloß nit gewinnen", wie es in einer alten Chronik heißt.

Ein Bauernhaufe eroberte im April 1525 die Burg Weinsberg und brannte sie nieder. Die Burgbesatzung unter dem Befehl des Grafen Ludwig von Helfenstein wurde „durch die Spieße gejagt" und so auf brutale Weise umgebracht. Im Vordergrund: Die Gräfin Helfenstein bittet die Bauern um Gnade. – Der Kupferstich entstand etwa 100 Jahre nach diesem ersten größeren Erfolg der Bauern.

Götz v. Berlichingen (1480–1562) auf einem Glasbild in seiner Burg Jagsthausen. Er war zeitweilig „Oberster Feldhauptmann" des Neckartal-Odenwälder Haufens.
▽

Zu Beginn des Jahres 1525 griff die Unruhe auf den südlichen Teil Schwabens über. Die Bauern organisierten sich zu Tausenden in drei großen Verbänden (sogenannten *Haufen*): Allgäuer Haufe, Seehaufe (am Bodensee) und Baltringer Haufe. In Baltringen befand sich ihr Hauptquartier. Sie wählten ihre Hauptleute und trugen ihre Waffen zusammen, zumeist Sensen und Heugabeln, Dreschflegel und Äxte, aber auch Schwerter und Dolche. Sie schickten Abgesandte zu Verhandlungen mit der „Obrigkeit" und trugen ihre Forderungen vor. Erst als die Herren nicht darauf eingingen, begann der Krieg.

Im März 1525, so schreibt ein Zeitgenosse, waren „von Augsburg bis zum Bodensee aller Obrigkeit Bauern und Untertanen in Aufruhr und Empörung". Sturm und Gewalttat gegen Kirchen, Klöster, Burgen und Schlösser. Das arme Volk aus den Städten schloß sich an. Zahlreiche Pfarrer und entlaufene Mönche kämpften mit den Bauern. Vereinzelt stellten sich auch Adlige als Anführer der Bauern zur Verfügung, wie Florian Geyer und Götz von Berlichingen – aus Überzeugung oder aus Eigennutz.

Auch anderswo schlossen sich bald die Bauern zusammen: im Neckartal, im Odenwald, im Taubertal. Wie die Burg Weinsberg wurden damals viele der südwestdeutschen Schlösser und Herrensitze zerstört, darunter auch die Burg Hohenstaufen, die Stammburg des Kaisergeschlechts der Staufer.

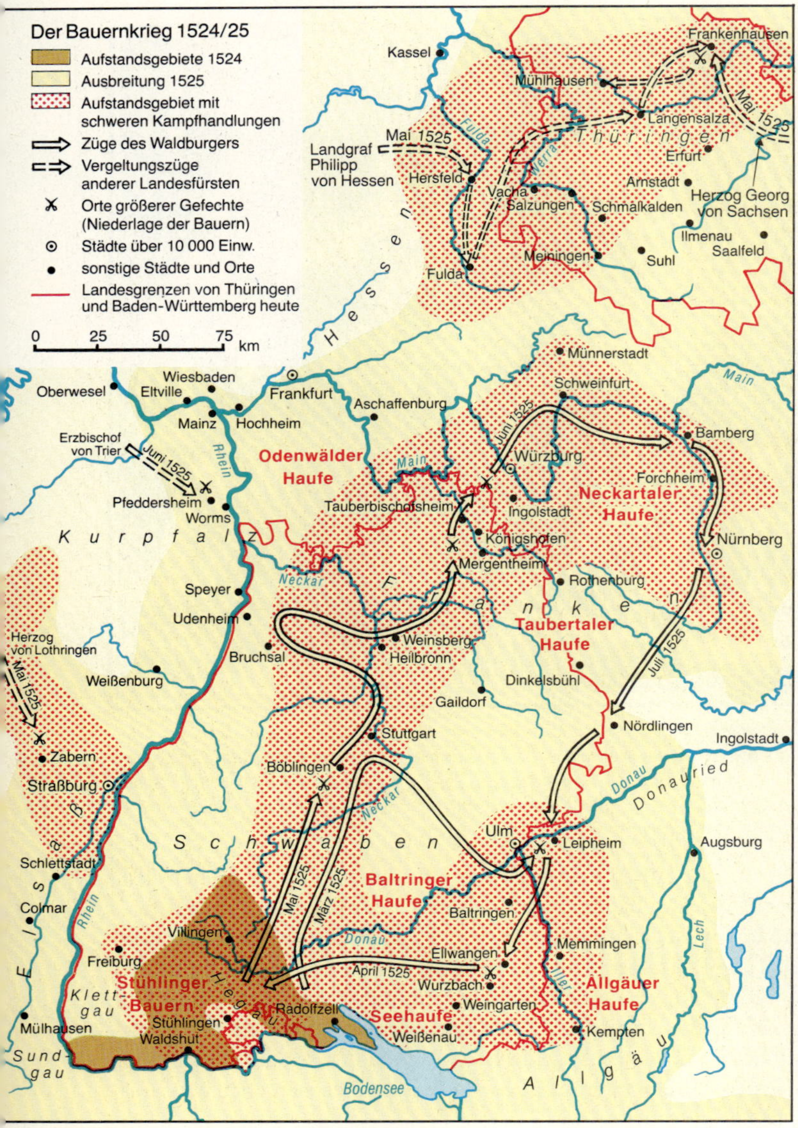

Die Niederlage

Inzwischen hatte sich aber auch die Obrigkeit formiert. Fürsten, Bischöfe und Stadtregierungen stellten ein Landsknechtsheer auf. Unter Führung des Georg Truchseß von Waldburg (1481–1531) zog dieses Heer durch die Aufstandsgebiete, spürte die einzelnen Haufen auf und metzelte sie in blutigen Schlachten nieder. Die schlecht ausgerüsteten Bauern konnten gegen dieses Söldnerheer wenig ausrichten, zumal ihnen die einheitliche Führung fehlte.

Arbeitsvorschlag

Untersuche bitte die vorstehende Karte! In welchen Gebieten fanden schwere Kampfhandlungen statt? Welche großen Städte gab es damals in diesen Gebieten? Welche Landesfürsten leiteten die Vergeltungszüge? In welchen Monaten des Jahres 1525 wurde der Bauernaufstand endgültig niedergeschlagen?

Die Plünderung des Klosters Weißenau (Bodenseegebiet)

Wenn heute irgendwo etwas Aufregendes geschieht, so sind Journalisten und Photographen alsbald zur Stelle. In der Zeit des Bauernkrieges war das noch anders. Hier ist diese Zeichnung das einzige Bildzeugnis, durch das ein Zeitgenosse ein solches Geschehen festgehalten hat. Es war vermutlich ein Mönch des Klosters.
Versuche bitte zunächst, die einzelnen Anlagen des Klosters zu beschreiben! Betrachte dazu noch einmal S. 90 und 91! Welchen Zwecken mögen die Nebengebäude links im Bild gedient haben?
Suche Weißenau auf der Karte links!

Die Zeichnung gibt viele Einzelheiten wieder. So ist unter den Bauern in der Bildmitte offenbar ein schlimmer Streit entstanden, denn die Eroberung des Klosters war ohne Blutvergießen erfolgt, wie wir aus alten Chroniken erfahren.

Stelle die Aktionen der Bauern im einzelnen zusammen! Welche Waffen und Geräte werden von ihnen getragen und benutzt? Aus welchen Gründen wurde wohl überhaupt ein Kloster überfallen und ausgeplündert?
Auf wessen Seite steht der Zeichner?

Thomas Müntzer (1489–1525) nach einem Kupferstich von 1608

Der Krieg in Thüringen

Auch in Thüringen hatten sich die Bauern erhoben und in mehreren Haufen zusammengeschlossen. Wie in Süddeutschland wurden sie vereinzelt von den städtischen Unterschichten unterstützt. Vor allem in Mühlhausen stellte sich die Bevölkerung auf die Seite der Aufständischen, beeinflußt durch die aufrührerischen Reden des Predigers *Thomas Müntzer.*

Im Mai 1525 hatten sich über 6000 aufständische Bauern bei der kleinen Stadt Frankenhausen vereinigt. Hier erreichte sie die Nachricht, daß der Landgraf Philipp von Hessen und andere Landesherren mit ihren Truppen in Thüringen einmarschiert waren. Daraufhin verschanzten sich die Bauern auf einem Berg über der Stadt in einer *Wagenburg.* An der Spitze von 300 Bürgern aus Mühlhausen eilte ihnen Thomas Müntzer zu Hilfe. Als die Fürstenheere auf die Wagenburg vorrückten, versuchte Müntzer, den Bedrängten mit einer Predigt Mut zu machen.

„Während Müntzer predigte . . ., hatten die Fürsten ihre Geschütze, dann auch ihre Reisigen [schwerbewaffnete Reiter] und Knechte um die Bauern herum auf die Höhen gebracht. So sahen sich die Bauern plötzlich von allen Seiten umzingelt. . . .

Unmittelbar darauf trafen die ersten Schüsse der fürstlichen Geschütze die Wagenburg der Bauern. Noch vertrauten sie Müntzers Wort, daß die Kugeln der Fürsten ihnen nichts anhaben könnten. Noch standen sie im Gesang des Müntzerschen Pfingsthymnus ‚Komm, heiliger Geist, Herre Gott' zusammen. Mit den ersten Treffern zerbrach die Täuschung.

In wüster Flucht eilte alles den Berg hinab, den rettenden Mauern der Stadt zu, ihnen nach Reiter und Fußvolk, alles niederstechend, was sie antrafen. Nur ganz vereinzelt setzten sich kleine Gruppen zur Wehr. Vergeblich. Zugleich mit den Fliehenden drangen die Truppen in die Stadt selbst ein. In den engen Gäßchen setzte sich das Morden fort, bis die Fürsten Einhalt geboten.

Gegen 5000 Bauern waren gefallen, nur 600 gefangen. Kaum viel mehr werden sich durch die Flucht gerettet haben. Noch heute heißt ein Tälchen, das vom Schlachtberg herab zur Stadt führt, die Blutrinne. Die fürstlichen Truppen hatten dagegen nur 6 Tote.

Müntzer war es gelungen, in die Stadt zu entkomnmen. Er versteckte sich in einer Bodenkammer und stellte sich krank. Ein Knecht entdeckte ihn trotzdem. Noch in Frankenhausen wurde Müntzer verhört. Dann übergaben ihn die Fürsten seinem erbittertsten Gegner, Ernst von Mansfeld. Der führte ihn nach Heldrungen, um ihn zu foltern."

(Günter Franz, Der deutsche Bauernkrieg, Darmstadt [4]1956, S. 269 f.)

Wenige Tage später eroberten die vereinigten fürstlichen Truppen die Stadt Mühlhausen. Vor ihren Mauern wurde Thomas Müntzer zusammen mit anderen Anführern enthauptet. Ihre Köpfe spießte man auf Stangen, die zur Abschreckung aufgestellt wurden.

In der Zeit des Bauernkrieges wurden allenfalls Fürsten und Bischöfe, nicht aber einfache Menschen in der Kunst dargestellt. Eine Ausnahme bildete der große Bildschnitzer Tilman Riemenschneider aus Würzburg (um 1460–1531). Für den Altar in der Kirche von Münnerstadt schnitzte er diese Figur eines Heiligen, die in Wirklichkeit die Darstellung des armen und gepeinigten Menschen seiner Zeit ist. – Riemenschneider unterstützte 1525 die Sache der Bauern. Der Rat von Würzburg ließ ihm zur Strafe die Hände verstümmeln. ▷

Zu den Anführern des Neckartaler Haufens hatte Jäklein Rorbach gehört. Er war für die Bluttat von Weinsberg mit verantwortlich. Nach seiner Gefangennahme band man ihn in Neckargartach an einen Pfahl und röstete ihn langsam zu Tode, wie es das Bild aus der Zeit zeigt.

Das Ende des Bauernkriegs

Für die Überlebenden begann ein furchtbares Strafgericht. Gefangene Bauern wurden grausam hingerichtet, Bürger, die sich für die Sache der Bauern eingesetzt hatten, ins Gefängnis geworfen und mißhandelt. Die Landsknechte brannten auf Befehl ihrer Fürsten viele Dörfer und einzelne Städte nieder. Insgesamt schätzt man die Zahl der getöteten Bauern auf etwa 100 000.

Im Herbst war das Land wieder „befriedet", an der Lage der Bauern jedoch nichts gebessert. Für Jahrhunderte waren die Niedergeschlagenen weiter zum harten, elenden Leben in Unfreiheit verurteilt.

Arbeitsvorschlag

Prüfe bitte noch einmal: Wer kämpfte mit den Bauern, wer stand gegen sie? Wie verhielten sich offenbar die Bürger in den Städten? Warum scheiterte der Aufstand? Was bedeutete das Scheitern für das künftige Verhältnis zwischen Bauern und Herren?

Wir merken uns

An vielen Orten Europas kämpften die Bauern im Spätmittelalter gegen Unterdrückung und Ausbeutung. Den Höhepunkt bildete 1525 der deutsche Bauernkrieg. Dieser Aufstand wurde von den Fürsten blutig niedergeschlagen. Das Bauerntum versank für Jahrhunderte in neuer Abhängigkeit.

Schauplätze des Bauernkrieges waren vor allem Südwestdeutschland und Thüringen (Schlacht bei Frankenhausen im Mai 1525).

Das Bauernkrieg-Panorama in Bad Frankenhausen

Das Bauwerk

Oberhalb des heutigen Bad Frankenhausen, nahe dem Ort der Schlacht von 1525, steht ein weithin sichtbarer Rundbau. Errichtet wurde er eigens zu dem Zweck, in seinem Inneren ein *Panorama* aufzunehmen: ein gewaltiges Rundgemälde. Es sollte an den deutschen Bauernkrieg, die Schlacht bei Frankenhausen und an Thomas Müntzer erinnern.

Der Maler *Werner Tübke* (geb. 1929) aus Leipzig erklärte sich 1975 bereit, diese künstlerische Aufgabe zu übernehmen. Es war ein Auftrag, der ihn für viele Jahre binden mußte. Eine Riesenleinwand von 123 m in der Länge und 14,5 m in der Höhe war mit einer Fülle von einzelnen Szenen auszugestalten, die – so wollte es Tübke – „dem Betrachter voll und überraschend die Lebens- und Denkbilder der Menschen von damals anschaulich macht".

Das Gemälde

Zunächst arbeitete sich der Künstler in die Dokumente jener Zeit ein, in die Bücher und Flugblätter, vor allem aber in die Gemälde und Holzschnitte. Langsam formte sich in ihm die Vorstellung eines Gesamtplans. In drei Jahren entstand ein „Ur-Bild", eine Gemäldefassung im Maßstab 1 : 10 auf fünf Holztafeln.

Im Mai 1982 hängten 54 Männer die über eine Tonne schwere Leinwand im Rundbau auf. Arbeitsgerüste, fünf Etagen hoch und auf Schienen beweglich, wurden errichtet. Die Leinwand wurde mit einer Grundmasse zur Aufnahme der Farben bestrichen, das „Ur-Bild" in zehnfacher Vergrößerung durch Projektoren auf diese übertragen und in den Umrissen festgehalten.

Im August 1983 begann Werner Tübke die eigentliche Ausführung des Riesenwerkes mit einem Pinselstrich in 14 m Höhe. Von nun an arbeitete er mit wechselnden Helfern über vier Jahre an dem insgesamt 1722 Quadratmeter großen Kunstwerk. Die ständige Überbeanspruchung der rechten Hand führte zu einem Muskelriß im Daumen, erzwang längere Pausen. Im Oktober 1987 konnte er dann seinen Namen auf das vollendete Werk setzen. Etwa zwei Drittel dieses größten Ölgemäldes der Welt hatte er mit eigener Hand geschaffen.

Seit 1989 können wir das Werk besichtigen.

Der Rundbau der Bauernkrieg-Gedenkstätte auf dem Schlachtberg bei Bad Frankenhausen. Dieser „Kunstbehälter" ist fast 30 m hoch und hat einen Durchmesser von etwa 45 m.

Wir steigen heute im Innern der Gedenkstätte über eine Treppe empor und finden uns plötzlich von dem gewaltigen Gemälde eingekreist. Es ist durch Kunstlicht beleuchtet; der Betrachter steht im Dunkeln.

Unvergleichlich ist die Wirkung dieses Gemäldebandes mit seinen etwa 3000 Figuren, mit der Fülle seiner einzelnen Szenen, mit der Leuchtkraft seiner Farben. Es hat keinen Anfang und kein Ende. Man braucht lange Zeit, um sich zurechtzufinden, um die einzelnen Szenen voneinander abzuheben und sich hineinzudenken.

Auf dem Bild oben ist der wohl wichtigste Ausschnitt des Rundum-Gemäldes wiedergegeben, die Schlacht bei Frankenhausen. Ein Regenbogen faßt symbolisch dieses Geschehen zusammen.
Da ziehen von links die fürstlichen Reiter und Landsknechte in die Schlacht. Zwischen ihnen werden Geschütze in Stellung gebracht.
Unter der gestreiften Fahne prallen die Kämpfenden zusammen, sie verknäulen sich im Getümmel. Getroffene stürzen zu Boden. Über der Wagenburg der Bauern auf der Höhe steigt Pulverdampf empor.

Unterhalb der rechten Streifen des Regenbogens brechen die Bauern aus ihrer Wagenburg heraus, der Freiheitsfahne folgend. Scheinbar haben sie Erfolg, denn am Boden liegen die gepanzerten Krieger der Fürsten.

Im Mittelpunkt zwischen diesen beiden Ebenen des Schlachtgeschehens aber steht die schwarze Gestalt Thomas Müntzers. Er hält die Fahne mit dem Bundschuh, dem Sinnbild des bäuerlichen Aufstands, aber er hält sie gesenkt. Er weiß, daß seine Sache verloren ist, und schon kommt der Tod mit dem Dudelsack ihm tänzelnd näher.

Vom Schlachtgeschehen durch das Halbrund einer Hecke abgetrennt, sind am Rande eines Brunnens berühmte Persönlichkeiten der Zeit des Bauernkrieges vereint. Sie versinnbildlichen die „Zeichen einer neuen Zeit“, von denen im nächsten Band dieses Arbeitsbuches die Rede ist. Den Beschluß zu diesem Großgemälde hatte das Politbüro der SED unter Erich Honecker 1973 gefaßt. Sicherlich erhofften sich diese Politiker ein „massenwirksames“ Propagandabild für ihren Staat und ihre Partei. Entstanden ist ein großes Lebensbild der Geschichte „zwischen Mittelalter und Neuzeit“.

Zahlen zum Überblick

um Christi Geburt			**Römisches Weltreich** Entstehung des römischen Germanien
n. Chr.	um	400	Völkerwanderungszeit
	um	600	Beginn der Christianisierung der Germanen
	um	700	Vorstoß der Araber
		800	Kaiserkrönung Karls des Großen
	nach	800	Landesausbau (Rodungen)
	919		**Beginn der deutschen Geschichte**
		919–1250	Vormachtstellung des Deutschen Reiches
	um	1000	Neue Stadtentwicklungen in Mitteleuropa
		1096–1270	Kreuzzüge
		1152–1190	Kaiser Friedrich I. Barbarossa
	um	1200	Übergang vom romanischen zum gotischen Baustil
	um	1250	Zeit der Ritter
		1356	Goldene Bulle
	um	1400	Höhepunkt der Hansemacht
		1525	**Der deutsche Bauernkrieg**

Verzeichnis der Karten

1. Das römische Germanien 10
2. Die Völkerwanderung (Kartenfolge) 24
3. Die Mittelmeerwelt um 750 31
4. Die Ausbreitung des Christentums bis 600 32
5. Erste Bischofssitze im Germanenland 38
6. Das Frankenreich zur Zeit Karls des Großen (768–814) 41
7. Der Ausbau des Reiches 49
8. Aufenthaltsorte Friedrichs I. in Mitteldeutschland 57
9. Die Kreuzzüge 64
10. Das alte Landschaftsbild (um 500) 78
11. Das neue Landschaftsbild (um 1500) 79
12. Der Grundbesitz der Abtei Werden/Ruhr 83
13. Bauplan für das Kloster St. Gallen 87
14. Rheinische Zisterzienserklöster und ihre Tochterklöster 89
15. Grundriß des Klosters Maulbronn 91
16. Die Veränderung des Stadtbildes von Köln (Kartenfolge) 94
17. Grundriß der Stadt Freiburg (um 1200) 97
18. Der Wirtschaftsraum der Hanse 117
19. Bäuerliche Siedlung in Mitteleuropa um 1500 126
20. Die Anfänge Berlins 131
21. Das Waldhufendorf Schönbrunn 136
22. Territorien in Deutschland (um 1500) 138
23. Bauernaufstände am Ende des Mittelalters 145
24. Der Bauernkrieg 1524/25 148

Register

1. Neue Begriffe

Die in diesem Bande des Arbeitsbuches auftretenden neuen Begriffe sind nach dem Alphabet geordnet. Die Zahlen bezeichnen die Seiten, auf denen der Begriff im Zusammenhang der Darstellung durch Wort oder Bild näher erläutert wird.

Abgaben 44, 82–85
Abt 86, 95
Allmende 81
Altertum 30, 48
Angelsachsen 24, 25, 41
Araber 31, 33–35, 41
Archäologe 127, 128

Bauernaufstände 144–145
Bauernkrieg 145–155
Belagerungsmaschinen 59, 60
Benediktiner 86, 87
Bischof 37, 38, 42, 52, 53–55, 68–69, 70, 71, 93, 95, 129, 138, 142
Brache 80
Brandenburg 130, 131, 132, 138, 141, 142, 143
Bürger 30, 68–69, 70, 71, 103, 104, 105, 112, 114–115, 144

Christentum 31–32, 36, 37–38, 53–54, 63–65
Container 127

Deutsche Geschichte 47
Deutscher Ritterorden 133, 134–136, 137
Dom 112–113, 129, 130
Dreifelderwirtschaft 80

Einheitsstaat 139
Erstgeburtsrecht 140
Erzbischof 51, 52, 93, 129, 138, 143

Franken 24, 25, 39–46, 47, 127
Freibrief 135–136
Friesen 37, 38
Frondienste 82, 83, 84, 106
Fronhof 83
Fuß 44, 135

Geld 110, 111
Germanen 19–26, 27, 37–38
Gewanne 80, 81
Gilde 98
Goldene Bulle 143
Gotischer Baustil 112, 113, 130
Grabbeigaben 22
Graf 44, 70
Griechisch-orthodoxe Kirche 32
Grundherr 82, 85, 95, 96
Grundherrschaft 30, 82, 83, 85
Gulden 110, 111
Gutshof 12, 83

Hagia Sophia 31, 32
Hakenpflug 26, 81
Handel 93, 106–110, 114, 116–119, 127
Hanse 116–120
Harnisch 100
Haufe 147, 148
Heiliger Krieg 35
Heiliges Römisches Reich Deutscher Nation 48, 58, 139
Herold 73
Herrschaftszeichen 48, 51, 52, 53
Herzog 47, 70, 71, 142
Heveller 26, 41, 130
Höfische Kultur 72–73
Höhenburg 74
Höriger 82, 135
Hohenzollern 66, 141–142
Hufe 135
Hunnen 23, 24

Investitur 54–55

Juden 102
Jungherrlein (Junker) 72

Kaaba 33
Kalif 35
Kastell 10, 11
Kirchenstaat 39, 41, 53
Kloster 86–91
Knappe 72, 77
Kogge 117, 122–123
Komtur 134, 135
Koran 34, 36
Kreuzfahrerstaat 64, 65
Kreuzzug 62, 63–65
Krönung 48, 50, 51
Kultur 35, 72–73, 86
Kulturlandschaft 79
Kurfürst 143

Landesherrschaft 130, 138–142
Langobarden 24, 39, 41
Legion 11
Lehnswesen 60, 62, 70, 71, 139, 142
Limes 10–11

Märtyrer 37, 38
Mark 41, 43, 127
Markt 95, 96, 105, 106–110, 132
Massenaussiedlung 42, 43
Mauer 8–9, 14, 59, 92, 94, 97, 104, 105
Mecklenburg 129–130, 132, 140
Mietshaus 14, 15
Minarett 34
Minnesänger 73
Missionierung 32, 37, 129
Mittelalter 30, 92
Mönch 68–69, 71, 86–89, 91
Mohammedaner (Moslems) 33–35, 36, 63–65
Mosaik 28–29, 31, 32
Moschee 34, 35
Münze 25, 40, 63, 110, 111

Obodriten 26, 41, 127, 130
Orden 86, 88, 133, 137
Ostgoten 23, 24, 25
Oströmisches Reich 24, 25, 31–32, 64

Panorama 153–155
Papst 39, 44, 48, 50, 52, 53–55
Patrizier 98, 103, 104
Pest 102
Pfalz 44, 45, 57, 93
Pommern 129–130, 132
Pranger 108
Preußen 66, 133, 141, 142
Prophet 33

Quelle 30

Räderpflug 81, 84
Rat 98, 103–104
Rathaus 105, 108, 112
Reformation 42, 129, 146
Reichsacht 62
Reichsstadt 98, 138
Residenz 139, 140, 141
Ritter 70, 71, 72–77

Rodung 79, 80, 88, 131, 132, 134
Römisch-katholische Kirche 32
Roland 110, 131
Romanischer Baustil 113
Rundling 26, 27

Sachsen 38, 41, 42, 43, 47, 61, 62, 130, 132
Salier 50
Schwertleite 72
Selbstverwaltung 103–104, 114
Seldschuken 63
Siegel 116, 131, 135, 143
Sklave 12
Slawen 26–27, 41, 42, 126–130, 131, 132, 133, 137
Sorben 26, 41, 129, 130, 132
Soziale Schichtung 70–71, 101
Stadtherr 95, 98
Stadtregierung 98, 103–104
Städtebund 116
Stände 70, 71, 72, 73, 134
Stamm 20, 47
Stammesherzogtum 49, 130
Staufer 50, 66
Steuer 44, 84, 98, 132, 139

Tempel 26, 31
Territorialstaat 138–142
Territorium 139, 141, 142
Thermen 13
Thüringer 37, 38, 39, 49, 131, 141
Treueid 70
Turnier 72, 73, 77

Universität 64, 115, 140

Verfassung 104
Völkerwanderung 23–24, 37

Wagenburg 150, 154–155
Wandalen 24, 25
Wappen 73, 77, 99, 119
Wasserburg 74
Wasserversorgung 14, 15
Weltreligionen 36
Westgoten 23, 24, 25
Weströmisches Reich 24, 25
Wettiner 130, 141
Wilzen 26, 41
Wissenschaft 86
Wittelsbacher 62

Zehnt 84, 85, 146
Zins 84, 96, 106, 136
Zisterzienser 88, 89, 90
Zoll 96, 98, 106, 110, 132
Zunft 99, 100, 103, 104
Zwingburg 42, 129, 130

2. Personen

Albrecht der Bär, Graf von Ballenstedt 130, 141
Allah 33, 34
Arminius 20
Attila 23
Augustus 20, 44

Benedikt (von Nursia) 86
Bogislaw 130
Bonifatius 37, 38

Chlodwig, fränkischer König 39

Donar 37

Eike von Repgow 53
Einhard 39, 40, 44

Friedrich I. Barbarossa, deutscher Kaiser 50, 56–63, 66–67, 142
Friedrich II., deutscher Kaiser 50, 63
Friedrich, Graf von Hohenzollern 141, 142

Georg Truchseß von Waldburg 148
Götz von Berlichingen 147
Gregor VII., Papst 54–55

Heinrich I., deutscher König 47, 50
Heinrich IV., deutscher König 50, 54–55
Heinrich V., deutscher König 50, 55
Heinrich der Löwe 60, 61–62, 130, 132
Hutten, Ulrich von 75

Jesus Christus 48
Justinian, oströmischer Kaiser 31

Karl der Große 39–46, 47, 50, 82, 127
Karl der Kahle 47
Konrad, Graf von Wettin 130

Leo III., Papst 44
Lothar, fränkischer Kaiser 47
Lothar, deutscher Kaiser 50, 130
Ludwig der Deutsche 47

Mohammed 33, 34, 35, 36
Müntzer, Thomas 150, 153–155

Otto I., der Große 50, 51, 59, 129

Paulus 48
Petrus 48
Pippin, fränkischer König 39
Pribislaw 129

Radbod, Friesenherzog 38
Riemenschneider, Tilman 150
Romulus, weströmischer Kaiser 25

Sigismund, deutscher Kaiser 141, 142
Störtebeker, Klaus 118
Svantevit, slawische Gottheit 26

Tacitus, Publius Cornelius 19
Theoderich, Ostgotenkönig 24, 25
Theodora, oströmische Kaiserin 28–29, 30, 32

Urban II., Papst 63

Varus 21, 22

Walther von der Vogelweide 73
Widukind, sächsischer Herzog 42
Widukind von Corvey 51
Wilhelm I., deutscher Kaiser 66, 67
Wotan 37